T0210062

essentials

essentials liefern aktuelles Wissen in konzentrierter Form. Die Essenz dessen, worauf es als „State-of-the-Art" in der gegenwärtigen Fachdiskussion oder in der Praxis ankommt. *essentials* informieren schnell, unkompliziert und verständlich

- als Einführung in ein aktuelles Thema aus Ihrem Fachgebiet
- als Einstieg in ein für Sie noch unbekanntes Themenfeld
- als Einblick, um zum Thema mitreden zu können

Die Bücher in elektronischer und gedruckter Form bringen das Fachwissen von Springerautor*innen kompakt zur Darstellung. Sie sind besonders für die Nutzung als eBook auf Tablet-PCs, eBook-Readern und Smartphones geeignet. *essentials* sind Wissensbausteine aus den Wirtschafts-, Sozial- und Geisteswissenschaften, aus Technik und Naturwissenschaften sowie aus Medizin, Psychologie und Gesundheitsberufen. Von renommierten Autor*innen aller Springer-Verlagsmarken.

Weitere Bände in der Reihe http://www.springer.com/series/13088

Gregor Hopf

Social-Media-Kommunikation entlang der Customer Journey

Die Kommunikation durch den Einsatz einfacher, zielgenauer Kennzahlen erfolgsorientiert ausrichten

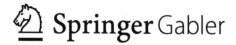

Springer Gabler

Prof. Dr. Gregor Hopf
Ravensburg, Deutschland

ISSN 2197-6708   ISSN 2197-6716   (electronic)
essentials
ISBN 978-3-658-34890-8   ISBN 978-3-658-34891-5   (eBook)
https://doi.org/10.1007/978-3-658-34891-5

Die Deutsche Nationalbibliothek verzeichnet diese Publikation in der Deutschen Nationalbibliografie; detaillierte bibliografische Daten sind im Internet über http://dnb.d-nb.de abrufbar.

Planung/Lektorat: Rolf-Günther Hobbeling
Springer Gabler ist ein Imprint der eingetragenen Gesellschaft Springer Fachmedien Wiesbaden GmbH und ist ein Teil von Springer Nature.
Die Anschrift der Gesellschaft ist: Abraham-Lincoln-Str. 46, 65189 Wiesbaden, Germany

Was Sie in diesem *essential* finden können

- Die vier Schritte zum Aufbau eines Steuerungssystems für die Kommunikation in den sozialen Medien
- Alle wichtigen Kennzahlen, die zur Beurteilung der Kommunikation entlang der Customer Journey eingesetzt werden können
- Erläuterungen des Einsatzes der einzelnen Kennzahlen, sodass Sie die für Ihre Zwecke und Ziele richtigen Kennzahlen auswählen können
- Die wichtigsten Methoden zur weiterführenden Optimierung der Unternehmenskommunikation in den sozialen Medien

Inhaltsverzeichnis

Über den Autor

Prof. Dr. Gregor Hopf ist Professor für die „Digitalisierung der Wirtschaft" an der Dualen Hochschule Baden-Württemberg. Er leitet den Studiengang Medien- und Kommunikationswirtschaft. Sein fachlicher Schwerpunkt liegt in den Auswirkungen der digitalen Transformation auf die Anforderungen erfolgreicher Unternehmenskommunikation in den Online-Medien. Seit über 15 Jahren beschäftigt er sich mit den Veränderungen der Kommunikation durch die digitalen sozialen Medien.

Duale Hochschule Baden-Württemberg, Oberamteigasse 4, Raum 110, 88214 Ravensburg E-Mail: hopf@dhbw-ravensburg.de

Einleitung: von Eitelkeit zu Erkenntnis

1

▷ Zu häufig werden Kennzahlen genutzt, weil sie leicht verfügbar sind oder vermeintlich Erfolge messen. Aber nur die Kennzahlen, die durch ihre Veränderung einen konkreten Handlungsbedarf anzeigen und mit marketingrelevanten Zielen und Zielwerten verbunden sind, erlauben eine erfolgsorientierte Steuerung und Optimierung.

Die Unternehmenskommunikation in den sozialen Medien hat sich in den zurückliegenden Jahren so dynamisch entwickelt, dass sie inzwischen aus dem Entscheidungsprozess des Kunden (Customer Journey) nicht mehr weg zu denken ist. Besonders durch ihre Stärken der Interaktivität, der Multimedialität und der sozialen Bestätigung der Nutzer untereinander bieten die sozialen Medien Vorteile für die Unternehmenskommunikation in den einzelnen Phasen der Customer Journey, die andere Kommunikationskanäle nur sehr bedingt oder nicht anbieten können. Die Bandbreite der verfügbaren Kennzahlen für die Steuerung der Unternehmenskommunikation in den sozialen Medien ist ebenfalls inzwischen so angewachsen, dass die Gefahr besteht, sich in ihrer Vielzahl zu verlieren. Dieser Essentials Band stellt die wichtigsten Kennzahlen vor, zeigt deren Einsatz

---

Dieser Essentials Band basiert auf Ahrholdt et al. (2019), die die Steuerungskennzahlen und Erfolgsfaktoren für alle Online-Marketing-Kanäle zusammenstellen, und bietet eine aktualisierte und auf die Customer Journey fokussierte Sicht auf die Steuerung der Unternehmenskommunikation speziell in den sozialen Medien.

G. Hopf, *Social-Media-Kommunikation entlang der Customer Journey*, essentials, https://doi.org/10.1007/978-3-658-34891-5_1

zur Steuerung der Berührungspunkte entlang der einzelnen Schritte der Customer Journey und erklärt wie aus den einzelnen Kennzahlen ein ganzheitliches Steuerungssystem entstehen kann.[1]

Die zentralen Ziele des Marketings bei der Begleitung der Customer Journey bestehen darin, die potentiellen Kunden in jeder Phase ihres Entscheidungsprozesses zu erreichen und mit für die entsprechende Zielgruppe und für den momentanen Entscheidungspunkt relevanten Inhalten und Informationen zu versorgen und dabei kontinuierlich die Markenbildung zu unterstützen (Reschke et al. 2017; Edelman und Singer 2015).

Zur Messung und Steuerung der Erreichung dieser Ziele bieten die sozialen Medien eine Vielfalt an Kennzahlen an. Die bekanntesten und meistens sehr prominent platzierten Kennzahlen sind jedoch für sich betrachtet nur in sehr seltenen Fällen aussagekräftig, bspw. Likes oder Follower. Auch wenn sie leicht verfügbar sind und vermeintlich Erfolge messen, müssen sie ergänzt und in Relation zu Vergleichswerten gesetzt werden, bevor sie in der Lage sind, Kommunikationserfolge oder Handlungsbedarfe anzuzeigen. Da sie als eigenständige Kennzahlen nur selten Aussagekraft haben, werden sie in der Literatur häufig als Kennzahlen der Eitelkeit (Vanity Metrics) bezeichnet (vgl. Rogers 2018). Wenn sich eine Kennzahl verändert, soll dies auch eine notwendige Aktion anzeigen (actionable meaning). Bei Vanity-Metriken ist dies nicht der Fall. Sie zeigen für sich allein genommen nur einen Zustand an, der ‚gut zu wissen‘ ist aber keine direkte Aktion bedingt und selten dienen sie zur Erfolgsmessung in Verbindung mit marketingrelevanten Vergleichswerten oder bieten Entscheidungshilfen an.

Um über diese vordergründigen Kennzahlen hinweg zu kommen und den Marketingverantwortlichen ein erfolgsorientiertes Kennzahlensystem an die Hand zu geben, bedarf es einer Auseinandersetzung mit der Customer Journey und einem Abgleich der verfügbaren Kennzahlen mit den Marketingzielen und mit den Möglichkeiten der Datenerhebung und -auswertung pro Berührungspunkt des Unternehmens mit dem Entscheidungsprozess des Kunden. Die verwirrende Vielfalt der Kennzahlen wird durch die Auswahl und Zuordnung zu den einzelnen Aufgaben pro Berührungspunkt aufgelöst.

---

[1] Auch wenn der Fokus dieser Publikation auf der Steuerung der Kommunikation in den sozialen Medien mit Hilfe der von den sozialen Plattformen zur Verfügung gestellten Auswertungsmöglichkeiten liegt, sollte ein integrierter Kommunikationsansatz auch die anderen On- und Offline-Kanäle in einer ganzheitlichen Betrachtung berücksichtigen unter Beachtung der sich daraus ergebenden datenschutz-rechtlichen und gegebenenfalls ethischen Fragestellungen.

Die folgenden Kapitel führen in vier Schritten durch den Aufbau eines Steuerungssystems für die Kommunikation in den sozialen Medien

Customer Journey Mapping

Alle Berührungspunkte der verschiedenen Kundensegmente entlang ihrer Entscheidungsprozesse mit dem Unternehmen und den Wettbewerbern werden bestimmt und einzelnen Phasen und Aufgaben der Customer Journey zugeordnet. Abschn. 2.1 stellt das Vorgehen vor.

Pro Berührungspunkt KPI auswählen

Aus der Vielzahl der verfügbaren Kennzahlen werden passend zu den Marketingzielen des Unternehmens und den Möglichkeiten der Datenerhebung und -auswertung pro Touchpoint und jeweiliger Aufgabe in der Customer Journey Zielkennzahlen (Key Performance Indicators KPIs) ausgewählt. Kap. 3 bis 6 führen durch die verfügbaren Kennzahlen für jeden Schritt entlang der Customer Journey.

Zielwerte für KPIs festlegen

Ausgehend von vorhandenen Monitoring-Informationen über die eigenen Kommunikationskanäle und wenn verfügbar Vergleichsinformationen über die Kommunikationsaktivitäten der Wettbewerber werden im Einklang mit den Marketingzielen Zielwerte pro KPI und Touchpoint festgelegt.

Gezielte Auswertungen zur Optimierung

Das kontinuierliche Monitoring wird ergänzt durch gezielte Auswertungen. Kap. 7 stellt die wichtigsten ergänzenden Maßnahmen zur Optimierung der Kommunikation des Unternehmens in den sozialen Medien vor: Steigerung des Engagements der Kunden, Kampagnensteuerung in Echtzeit, Messung des ausgedrückten Sentiments, Aufbau eines Frühwarnsystems für mögliche Krisenkommunikationen und Beobachtung der Kommunikationsaktivitäten des Wettbewerbs.

Steuerung entlang der Customer Journey

2

> ▶ Bereits erste investigative Schritte mittels eines Customer Journey Mappings der einzelnen Kundensegmente können viel Optimierungspotential für die Kommunikation des Unternehmens entlang der Kundenreise der einzelnen Zielgruppen zu Tage bringen. Es ist die Grundlage, für die Auswahl von Zielkennzahlen und Zielwerten für jeden Touchpoint und Entscheidungsschritt entlang der Customer Journey, ohne die eine erfolgsorientierte Steuerung der Kommunikationsaktivitäten nicht möglich ist.

Die Customer Journey (Kundenreise), manchmal auch Buyer's oder User's Journey genannt, beschreibt die einzelnen Schritte, die ein Kunde hin zu seiner Kaufentscheidung durchläuft. Aus operativer Marketingsicht umfasst die Customer Journey alle Berührungspunkte (Touchpoints) des Kunden über alle Kommunikationskanäle hinweg mit dem Produkt oder der Dienstleistung des Unternehmens. Ziel des Marketings ist es dabei, stets ein positives Erlebnis zu kreieren, das den Kunden veranlasst, den nächsten Schritt in der Customer Journey anzugehen und schließlich die gewünschte finale Zielhandlung wie Kauf oder Weiterempfehlung durchzuführen. Dabei können die einzelnen Zielhandlungen pro Touchpoint bzw. pro Phase entlang des Entscheidungsprozesses des Kunden sehr unterschiedlich sein.

Da Marketingliteratur und -praxis inzwischen voller englischer Fachbegriffe sind, werden neben den deutschen Fachbegriffen auch immer die englischen erwähnt, so dass die Einordnung in die gängige Literatur und der Abgleich mit anderen Publikationen möglich sind. Für Begriffe, für die die deutschen Fachausdrücke selten oder nie benutzt werden, setzt auch diese Publikation den englischen Begriff ein.

© Der/die Autor(en), exklusiv lizenziert durch Springer Fachmedien Wiesbaden GmbH, ein Teil von Springer Nature 2021
G. Hopf, *Social-Media-Kommunikation entlang der Customer Journey*, essentials, https://doi.org/10.1007/978-3-658-34891-5_2

Zu Beginn der Kundenreise ist das Ziel, zunächst die Aufmerksamkeit des Kunden zu gewinnen. Eine Zielhandlung in dieser Phase wäre beispielsweise ein YouTube-Video über das Produkt anzusehen oder die Facebook-Seite des Unternehmens zu besuchen. Im weiteren Verlauf des Entscheidungsprozesses soll der Kunde sich vermehrt mit dem Angebot auseinandersetzen und es in seinen Präferenz-Set von möglichen Produkten aufnehmen. Hier wären die Zielhandlungen in den sozialen Medien vor allem unterschiedliche Grade der Interaktion mit den zur Verfügung gestellten medialen Inhalten. Nähert sich der Kunde seiner finalen Kaufentscheidung treten Konversionen als Zielhandlungen in den Mittelpunkt, die zeigen, dass der Kunde bereit ist, selbst aktiv zu werden, indem er bspw. einen Newsletter des Unternehmens abonniert oder einem Link zum Onlineshop folgt und dort vielleicht bereits das Produkt in den Warenkorb legt. Die Customer Journey ist aber mit dem Kauf des Produktes noch nicht abgeschlossen. Im besten Fall bleibt der Kunde auch nach dem Kauf aktiv und teilt seine Erfahrungen mit dem Produkt mit anderen potentiellen Kunden in Form von Empfehlungen und Bewertungen. Abb. 2.1 zeigt den modellhaften Verlauf einer Customer Journey mit dem grundsätzlichen Aufbau von Aufmerksamkeit, über Interesse, Erwägung, Absicht, Kauf bis zur Fürsprache.

Jeder Kontakt des Kunden mit einem Touchpoint stellt einen kleinen aber entscheidenden Informationsaustausch dar (Micro-Moment), der über den weiteren Fortgang der Customer Journey entscheidet. Aufgrund der Vielzahl an medialen Angeboten von unterschiedlichen Beteiligten, wie zum Beispiel den Freunden des Kunden, Influencern oder Wettbewerbern, verläuft die Kundenreise selten linear, wie das vereinfachte Modell es nahelegt. Vielmehr springt der Kunde häufig zwischen unterschiedlichen Entscheidungsphasen hin und her und ist auch nicht unbedingt alleine unterwegs, sondern wird teilweise von Mitreisenden beeinflusst. On- und Offline-Touchpoints außerhalb der sozialen Medien erhöhen die Komplexität einer Customer Journey weiter und können aus Sicht des operativen Marketings zu Konversionsbrüchen führen, die die Nachverfolgung und aktiv gesteuerte Unterstützung der Entscheidungsfindung des Kunden erschweren.

Weiterführende Literatur
Für eine allgemeine Einführung in die Customer Journey Analyse und auch einer Diskussion der Schwierigkeiten siehe Holland (2020). Für eine Einführung in die unterschiedlichen Phasen der Customer Journey siehe Boßow-Thies et al. (2020, S. 14–19). Siehe Cui et al. (2021) für eine aktuelle Darstellung der wichtigsten Herausforderungen von Omnichannel-Marketing entlang der Customer Journey: a) Datenverfügbarkeit, Integration und Auswertung b) Attribution und c) Datenschutz. Siehe Hamilton et al. (2021) für eine Untersuchung der Wichtigkeit von ‚Mitreisenden' („travelling companions") entlang der individuellen Customer Journey. Für eine aktuelle Gegenüberstellung der unterschiedlichen Arten die einzelnen

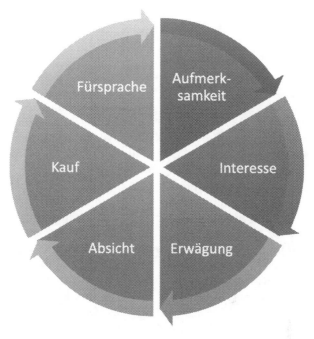

Abb. 2.1 Phasen einer Customer Journey

Schritte der Customer Journey zusammenzufassen siehe Colicev et al. (2018) und Hamilton et al. (2021). Für eine Untersuchung in welchen Schritten der Customer Journey sich die sozialen Medien und insbesondere User Generated Content versus Firm Generated Content besonders gut eignen siehe Colicev et al. (2018).

2.1 Touchpoints identifizieren und Ziele festlegen

Um den Entscheidungsprozess des Kunden begleiten und steuern zu können, bedarf es der grundlegenden Kenntnis, wo der potentielle Kunde in Berührung mit kommunikativen Inhalten über die Produkte und Dienstleistungen des eigenen Unternehmens und der direkten Wettbewerber kommt. Zu einem Teil werden diese Berührungspunkte (Touchpoints) in den sozialen Medien unter dem direkten Einfluss des Unternehmens stehen, bspw. die eigene Facebook-Seite, aber häufig auch von Dritten kontrolliert werden, bspw. die Instagram-Seite von Fans und Influencern oder auch der Wikipedia-Eintrag und insbesondere die diversen Bewertungsplattformen.

Der erste Schritt einer Customer-Journey-Optimierung besteht daher darin, alle Touchpoints ausfindig zu machen und soweit möglich die Aufgaben des jeweiligen Touchpoints in den einzelnen Phasen des Entscheidungsprozesses herauszuarbeiten. Hierzu bietet es sich an einzelne Kundensegmente, die sich durch unterschiedliche Kommunikationsverhalten von einander unterscheiden, mittels einzelner Personas zu beschreiben, basierend auf den vorhandenen Erkenntnissen aus Kundenumfragen und existierenden Website-Analysen. Zusätzlich empfiehlt es sich, mittels Vertiefungsinterviews mit ausgewählten Mitgliedern der einzelnen Kundensegmente den Personas individuelle Ziele und Customer Journeys zuzuordnen, die alle Touchpoints entlang des Entscheidungsprozesses auflisten inklusive möglicher Berührungspunkte mit Wettbewerbsangeboten (Customer Journey Mapping).

Sofern möglich werden Probanden bei ihrer individuellen Kundenreise beobachtet, um erste offensichtliche Hindernisse entlang des Entscheidungsprozesses ausfindig zu machen. Dieser erste investigative Schritt des Customer Journey Mappings mit Probanden aus den einzelnen Zielgruppen birgt bereits ein hohes Optimierungspotential und erlaubt die Überprüfung der Zuordnung der einzelnen Phasen des Entscheidungsprozesses zu den Aufgaben der einzelnen Touchpoints. Besonders bei den sozialen Medien stellt sich häufig heraus, dass Touchpoints meistens mehrere Aufgaben entlang der Customer Journey erfüllen. So kann ein Unternehmensauftritt in den sozialen Medien sowohl für die Phase der Aufmerksamkeit als auch der Entscheidungsfindung und des Übergangs zum Kaufabschluss eingesetzt werden. Dem entgegen können jedoch die einzelnen kommunikativen Inhalte, d. h. einzelne Posts und Stories, gezielt auf unterschiedliche Aufgaben optimiert werden. Im Rahmen des Customer Journey Mappings wird ermittelt, wo die einzelnen Zielgruppen am ehesten mit Inhalten für die jeweiligen Aufgaben entlang ihres Entscheidungsprozesses in Berührung treten.

Nachdem das Customer Journey Mapping die in der Kundenreise vorkommenden Berührungspunkte und deren jeweilige Aufgaben für den Entscheidungsprozess identifiziert hat, werden für diese einzelnen Aufgaben pro Touchpoint Ziele definiert. Hierfür wird aus den vielfältigen Messzahlen, die von den sozialen Medien angeboten werden, pro Touchpoint und Aufgabe idealerweise eine Zielkennzahl ausgewählt und mit jeweils einem konkreten Zielwert belegt, den es zu erreichen oder zu steigern gilt. Erst dieser Schritt erlaubt eine zielgerichtete Optimierung der Aktivitäten des Unternehmens in den sozialen Medien und eine erfolgsorientierte Berichterstattung, die Schwächen und Stärken der Kommunikationsaktivitäten auf den einzelnen Entscheidungsphasen des Kunden deutlich kenntlich macht.

2.2 Monitoring

Nachdem die Berührungspunkte der einzelnen Kundensegmente mit dem Unternehmen in den sozialen Medien durch ein Customer Journey Mapping herausgearbeitet wurden, gilt es die einzelnen Touchpoints gezielt zu beobachten mit Blick auf deren jeweilige Aufgaben entlang des Entscheidungsprozesses des Kunden. Da besonders aufgrund der Interaktivität und Multimedialität der sozialen Medien die einzelnen Berührungspunkte häufig mehrere Aufgaben entlang der Kundenreise wahrnehmen, bietet es sich an, nicht die Touchpoints für einzelne Aufgaben zu optimieren, sondern die einzelnen Aufgaben pro Touchpoint. Für die Steuerung und Optimierung der Kommunikationsaktivitäten bedeutet dies, dass pro Berührungspunkt mehrere Kennzahlen ausgewertet werden müssen, die jeweils Aufschluss über die Performance des Touchpoints für einzelne Aufgaben entlang des Entscheidungsprozesses geben. Durch die Auswertung unterschiedlicher KPIs pro Berührungspunkt soll die Funktionalität des jeweiligen Touchpoints bei den unterschiedlichen Stufen der Customer Journey beobachtet und optimiert werden.

Für die Aufgaben der einzelnen Entscheidungsphasen bietet es sich an, am Anfang der Customer Journey, in dem es darum geht, die Aufmerksamkeit des Kunden zu gewinnen, eher auf Kennzahlen der Reichweite und des potentiellen Einflusses zu achten. Im mittleren Teil der Kundenreise werden Kennzahlen wichtig, die die Interaktion des Kunden mit den Inhalten messen, da es nun darum geht, das Interesse des Kunden zu wecken und ihn zu überzeugen, die Angebote des Unternehmens in Erwägung zu ziehen. In der sich anschließenden Phase soll der Kunde seine Absicht festigen und zum Kaufprozess geführt werden. Hier rücken Konversions-Kennzahlen in den Mittelpunkt. Nach Kaufabschluss werden Zielkennzahlen wichtig, die die Zufriedenheit des Kunden, seine Kundenbindung und seine Bereitschaft zur Fürsprache messen.

▸ Selbst wenn sich die Aufgabe auf die Optimierung der Kommunikationsaktivitäten in den sozialen Medien konzentriert, sollten Daten aus den anliegenden Kommunikationsumfeldern mit einbezogen werden. Daten über den Erfolg von Weiterleitungen aus den sozialen

Medien an eigene oder affiliierte Unternehmenswebsites und insbesondere Online-Shops sind zentral, um den Erfolg der Customer-Journey-Steuerung bin hin zum Kauf messen zu können. Eine aktive Einbeziehung der Auswertung von aus den sozialen Medien heraus angesteuerten Landingpages gehört somit auch zum Aufgabenbereich des Social Media Monitorings.

Aufmerksamkeit (Awareness)

3

▶ Zu Beginn der Customer Journey gilt es die Aufmerksamkeit des potentiellen Kunden frühzeitig zu gewinnen und zunehmend auf die Angebote des Unternehmens auszurichten. Um die Funktionalität des jeweiligen Touchpoints für die Phase der Aufmerksamkeit zu beurteilen und zu steuern, bieten sich Kennzahlen an, die die Reichweite und den potentiellen Einfluss des Unternehmens in den sozialen Medien messen.

Am Anfang einer Customer Journey liegt zumeist noch kein Bedarf vor oder dieser ist dem potentiellen Kunden unter Umständen noch nicht bewusst (Pre-Awareness).[1] Meistens arbeiten Marketingverantwortliche in dieser Phase weniger mit Information als mit Emotion, da es aufgrund des noch nicht vorhandenen Bedürfnisses schwierig ist, eine ziel-gerichtete Aufmerksamkeit zu erreichen. Im weiteren Verlauf tritt in der Regel ein Ereignis ein, das einen Bedarf auslöst bzw. anzeigt (Awareness). Der Kunde beginnt nun aktiv nach Informationen zu suchen, sodass für diese Phase hilfreiche aber noch nicht unbedingt produkt-bezogene Inhalte sinnvoll sind. Oft ist dem Kunden noch nicht bekannt, welche Lösungen es gibt. Der Übergang zur nächsten Phase der Entscheidungsfindung tritt ein, wenn das Bedürfnis und der Wille, dieses zu befriedigen, so konkret wird, dass der Kunde aktiv Lösungen in Form eines Produktes oder einer Dienstleistung sucht. Um die Funktionalität des jeweiligen Touchpoints für die Phase der Aufmerksamkeit zu steuern, bieten sich Kennzahlen an, die die Reichweite (Reach) und

---

[1] Google nennt diesen Zustand auch den „Zero Moment of Truth" (Google 2011) und rät dazu, hier bereits mit der strategischen Kommunikation anzusetzen, noch bevor der Kunde gezielt zu suchen beginnt, um beim späteren Wettbewerb um die Aufmerksamkeit des potentiellen Kunden den unter Umständen entscheidenden Vorteil zu haben.

© Der/die Autor(en), exklusiv lizenziert durch Springer Fachmedien Wiesbaden GmbH, ein Teil von Springer Nature 2021
G. Hopf, *Social-Media-Kommunikation entlang der Customer Journey*, essentials, https://doi.org/10.1007/978-3-658-34891-5_3

den potentiellen Einfluss (Influence) messen. Je nach Ausrichtung der Kommunikation, den aktuellen Zielen und den Möglichkeiten des Unternehmens sollte
sich das Unternehmen aus den folgend dargestellten Kennzahlen die für ihre
Touchpoints am besten passenden auswählen.

3.1   Reichweite

Für die Größe des eigenen Publikums gibt es eine Vielzahl an Namen und einige
kleine aber wichtige Unterschiede in der Messung. Die Anzahl an Follower, Fans
und Abonnenten wird am häufigsten als Potentielle Reichweite (Potential Reach)
bezeichnet, da es die Summe der potentiellen Leserschaft darstellt, weil aufgrund
der Rolle der diversen Plattform-Algorithmen einzelne Artikel nur selten an die
gesamte Community ausgespielt werden. Manchmal wird die Größe der eigenen
Community auch als Social Reach, Managed oder Total Audience bezeichnet.

$$Potentielle\ Reichweite\ (Potential\ Reach)$$

$$= \sum Follower, Fans, Abonnenten$$

Als absolute Zahl hat die potentielle Reichweite allerdings kaum Aussagekraft, daher sollte man deren Wachstum betrachten, wenn man sie als KPI
nutzen möchte, oder sie in Relation zu einer Zielgröße setzen, bspw. einer
wettbewerblichen Benchmark oder einer sich selbst als nächstes Ziel gesetzten
Größe.

Werden Inhalte mit Werbegeldern unterstützt, so sollte die potentielle Reichweite auch um die Zahl der Nutzer erhöht werden, die den Artikel als Bezahlinhalt
eingeblendet bekommen haben. Diese Information ist zumeist leicht und kostenlos über die Auswertungsangebote der einzelnen Social Media Werbeplattformen
erhältlich.

Manche Anbieter von Social Media Analytics ergänzen die potentielle Reichweite mittels proprietärer Formeln um einen normalisierten Wert für organische
Weiterleitungen der Artikel an Nutzer, die nicht Teil der eigenen Community,
also nicht bereits Follower, Fan oder Abonnent sind. In diesem Fall wird die
potentielle Reichweite um einen Faktor für die normale, organische Verbreitung
der Artikel erhöht (durchschnittliche oder normale Viralität). Die Anbieter ver-
öffentlichen die hierfür verwendeten Formeln allerdings nicht und verweisen auf
Nachfrage nur an eine Orientierung entlang von durchschnittlichen Vergangen-
heitswerten. Inwieweit bei der Berechnung dieses normalisierten Faktors für die

organische Verbreitung zwischen Artikeln mit und ohne werbliche Unterstützung unterschieden wird, ist ebenfalls nicht bekannt. Ebenso muss aufgrund der regelmäßigen Veränderungen der Plattform-Algorithmen davon ausgegangen werden, dass der Grad der organischen Verbreitung schwanken kann. Daher sind diese erweiterten potentiellen Reichweiten sicherlich informativ, sollten jedoch als KPI nur mit Vorsicht eingesetzt werden.

Um dem Bedarf der Berechnung einer normalen organischen Verbreitung zu entgehen, kann man die potentielle Reichweite um die Summe der Follower, Friends und Fans der Mitglieder der eigenen Community erweitern. Diese Berechnung einer erweiterten potentiellen Reichweite ist allerdings mit einigem Aufwand verbunden und geht davon aus, dass alle Follower und Fans die jeweils zur Verfügung gestellten Inhalte auch auf die eine oder andere Weise teilen. Nur dann macht es Sinn die Gesamtzahl der Fans und Follower auf der ersten und zweiten Stufe (Second Tier) des sozialen Netzwerkes als potentielle Reichweite für die Sicht auf die Größe des Publikums zu nutzen.

Ebenso aufpassen muss man in der Abgrenzung der potentiell erzielbaren von der tatsächlich erzielten Reichweite. An manchen Stellen in der Literatur wird beides jeweils abgekürzt als Reach bezeichnet. Neben der potentiellen Reichweite ist die erzielte Reichweite die häufigste Kennzahl, um die erreichte Aufmerksamkeit zu messen, manchmal auch Beitragsreichweite genannt. Hierfür wird die Anzahl der Einblendungen (Impressions oder Views) gemessen des in dem jeweiligen sozialen Medium angebotenen Inhalts. Ab wann eine Einblendung als wahrgenommen gezählt wird, unterscheidet sich zwischen den einzelnen sozialen Medien, kann aber vom Unternehmen nicht beeinflusst werden.

Von der Netto-Reichweite spricht man, sofern nur Unique User gezählt werden, was die gängigste Form für diese Kennzahl ist aber nicht immer ausdrücklich erwähnt wird. Falls der identische Nutzer den gleichen Inhalt mehrfach eingeblendet bekommt, zählt er für die Netto-Reichweite nur einmal.

Erzielte (Netto-)Reichweite (Unique Impressions, Unique Views)

$$= \sum \begin{array}{l} Unique\ User, die\ den\ Inhalt\ für\ eine\ vom\ sozialen\ Medium \\ festgelegte\ Mindestzeit\ eingeblendet\ bekommen\ haben \end{array}$$

Auch die erzielte Netto-Reichweite hat in absoluter Zahl kaum Aussagekraft und sollte daher stets im Vergleich zu einem Ziel- oder Vergangenheitswert betrachtet werden (New Views, New Unique Impressions). Falls der Inhalt werblich unterstützt wird, ist eine Aufteilung der Netto-Reichweite auf organisch und bezahlt erzielte Reichweite sinnvoll, um deutlich zu machen, wie häufig der Inhalt angezeigt wurde, weil das Unternehmen für die Einblendung bezahlt hat (paid), und wie häufig der Inhalt wahrgenommen wurde, weil er von Mitgliedern der Community weitergeleitet wurde (organisch, earned).

3.2   Von Aufmerksamkeit zu Einfluss

Die Anzahl der Erwähnungen (Mentions) misst die Beiträge, die ein bestimmtes Keyword oder mehrere ausgewählte Keywords enthalten, bspw. den Unternehmens- oder Produktnamen, und ist damit eine der grundlegenden Kennzahlen, um die Markenaufmerksamkeit (Brand Awareness) zu messen. Mentions zeigen an, wie viele Nutzer über die eigene Marke und damit verbundene Schlagwörter sprechen und ist somit auch bereits eine Kennzahl für den kommunikativen Einfluss des Unternehmens in den sozialen Medien. Es beziffert das Beitragsaufkommen in den sozialen Medien und wird daher manchmal auch Social Media Buzz genannt und als Kennzahl für die organisch von Nutzern generierte Reichweite (Earned Media) eingesetzt.

$$Mentions(Social\ Media\ Buzz)$$
$$= \#\ Beiträge\ in\ den\ sozialen\ Medien, die\ ein\ bestimmtes$$
$$Keyword\ enthalten$$

Eine häufige Verwendung des Keywords spricht dafür, dass die generelle Aufmerksamkeit und die Bereitschaft der Nutzer des sozialen Mediums, sich mit dem Unternehmen und seinen Produkten auseinander zu setzen, hoch sind. Daher setzt man die Mentions häufig in Relation zur Gesamtzahl der Nennungen der eigenen und aller Konkurrenz-Keywords und erhält so den Share of Voice.

$$Share\ of\ Voice\ (\%) = \frac{\#\ Nennungen\ der\ eigenen\ Marke}{\#\ Nennungen\ eigene\ Marke + \#\ Nennungen\ der\ Konkurrenzmarken} \times 100$$

Der Share of Voice im engeren Sinn misst die Anzahl der Nennungen der eigenen Marke oder des eigenen Unternehmens und setzt sie ins Verhältnis zu den Gesamtnennungen aller relevanten Marken (inklusive Konkurrenzmarken) in den sozialen Medien. Die Kennzahl gibt somit eine Aussage über die Wirkungsstärke der eigenen Markenkommunikation in den jeweils betrachteten sozialen Medien. Dadurch kann erkannt werden, wie sich die Bereitschaft der Nutzer sich mit den Angeboten des Unternehmens zu beschäftigen im Vergleich zum Wettbewerb entwickelt.

Will man auch die Konversationen rund um die Marke und nicht nur die Erwähnungen der Marke selbst messen, so kann die Berechnung der Erwähnungen um Nennungen erweitert werden, die zum Beispiel auch eng verbundene Hashtags oder Keywords miteinbezieht und somit auch die verbundene Kommunikation rund um die Marke mit beobachtet (Share of Voice im weiteren Sinn). Es muss dann allerdings auch das Keyword- und Hashtag-Umfeld der Konkurrenzmarken in Gänze einbezogen werden. Wenn neue Keywords oder Hashtags aufkommen muss die Auswertung entsprechend aktualisiert werden. Dies ist sehr aufwendig und kann unter Umständen zu einer erheblichen Volatilität der Kennzahl führen, was positiv betrachtet die Lebhaftigkeit der sozialen Medien widerspiegelt, kritisch betrachtet aber zu Unsauberkeiten der Auswertung führen kann, insbesondere wenn die Betrachtung der Veränderungen des eigenen Keyword- und Hashtag-Umfeldes nicht spiegelbildlich zur Betrachtung des Umfelds der Konkurrenz erfolgt.

Sofern es die Möglichkeiten des Unternehmens erlauben, lohnt es sich zumeist auch soziale Medienkanäle in die Auswertung mit einzubeziehen, auf denen das Unternehmen keine eigene Präsenz hat.

Da die absolute Zahl an Mentions nur selten Aussagekraft besitzt, werden sie zumeist in einem zeitlichen Ablauf betrachtet, sodass man Entwicklungen und Ausreißer nach oben oder unten erkennen kann. Ein Vergleich unterschiedlicher Keywords, unter Umständen auch aufgeschlüsselt nach den einzelnen sozialen Medien-Kanälen, kann sehr hilfreich sein, um zu erkennen, welche Begriffe in welchen Kanälen wann am häufigsten eingesetzt werden und in Verbindung mit Engagement-Metriken wie stark die Community mit Interaktivität reagiert. So kann man Saisonalitäten und sich verändernde Vorlieben oder Trends in der Community erkennen, um die eigenen Inhalte entsprechend anpassen zu können.[2]

Eine Betrachtung der Mentions und des Share of Voice sollte mit einer Bestimmung des Sentiments einhergehen. Das Sentiment versucht die grundsätzliche Tonalität von Beiträgen zu klassifizieren und den Anteil an negativen, neutralen und positiven Beiträgen mit dem Keyword aufzuzeigen. Hierfür werden das textliche und zunehmend auch das bildliche Umfeld des Posts analysiert, in dem das Schlagwort auftaucht. Die Anzahl an positiven, neutralen oder negativen Umfeldern wird in Relation zu einander gesetzt, um eine Sentiment-Kennzahl zu ermitteln, die zusätzlich zu Mentions oder Share of Voice die positive oder negative Ausrichtung der Erwähnungen deutlich macht (siehe Abschn. 7.3).

---

[2] Multipliziert man die Mentions mit der durchschnittlichen Anzahl der Einblendungen pro Post (Frequency), so erhält man eine Zahl der durch die Mentions erzielten Reichweite (Exposure). Die durchschnittliche Anzahl der Einblendungen von organischen Posts muss allerdings zumeist geschätzt oder sehr aufwendig für einzelne Posts per Hand zusammengestellt werden.

Um etwas tiefer einzutauchen, kann man sich die Mentions zum einen aufge-
teilt nach einzelnen Kanälen anschauen (Share of Media), um zu sehen, welcher
Kanal für die Kommunikation rund um das Unternehmen durch die Nutzer am
häufigsten eingesetzt wird bzw. in welchem Kanal das Unternehmen welchen
Einfluss genießt. Zum anderen kann man die Unique Users zählen, die über das
Unternehmen bzw. das Keyword schreiben, ohne die Häufigkeit der Erwähnungen
pro Nutzer zu zählen (Talk-About bzw. People Talking About This), um herauszufinden, wie viele Nutzer bereit sind, aktiv über das Unternehmen, die Marke
oder die Produkte zu kommunizieren.

$$Share\ of\ Media\ (\%) = \frac{Mentions\ auf\ Kanal\ x}{Mentions\ über\ alle\ Kanäle\ hinweg} \times 100$$

$$Talk\text{-}About = \#\ Nutzer, die\ das\ Keyword\ in\ eigenen$$
$$Veröffentlichungen\ erwähnt\ haben$$

Setzt man die Talk-About-Zahl in Relation zur potentiellen Reichweite, d. h. der
Gesamtzahl aller Fans, Follower oder Abonnenten, so erhält man bereits eine
grundlegende Engagement-Metrik, die anzeigt, wie aktiv die eigene Community
ist (Talk-About-Fan-Ratio oder Conversation Reach, siehe Abschn. 4.2).

Ausgehend von der Talk-About Kennzahl misst die Influence-Kennzahl nur
den Teil des potentiellen Publikums, der das jeweilige Unternehmen bzw. dessen
Produkte, Dienstleistungen oder Marken bereits in einem eigenen Post erwähnt
hat und addiert deren potentielle Reichweite an Fans, Follower und Freunden.
Diese Kennzahl der Publikumsgröße versucht die potentielle Reichweite der aktiven Community-Mitglieder zu messen und somit den Einfluss des Unternehmens
bzw. das Potential für eine organische Verbreitung der Inhalte des Unternehmens.

$$Influence = \sum aktive\ Nutzer$$
$$+ \sum Fans, Follower, Abonnenten, Freunde\ etc.\ der\ aktiven\ Nutzer$$

Die organische Weiterverbreitung, die durch die Kommunikation einiger weniger einflussreicher Mitglieder des Netzwerks entsteht, kann ausschlaggebend sein
für die letztendlich erzielte Reichweite und Wirkung der angebotenen Kommunikationsinhalte. Selbst Nutzer, die über kein großes eigenes Netzwerk verfügen
aber innerhalb der Unternehmens-Community sehr aktiv sind, können sehr wichtig sein. Durch ihr Engagement zeichnen sie den jeweiligen Inhalt als qualitativ

hochwertig und relevant aus, was mit Blick auf die Funktionsweise der Algorithmen der Plattformen sehr hilfreich sein kann, weil diese Inhalte, die schnell viele Reaktionen erhalten, generell höher ranken und stärker organisch weiterleiten. Somit gilt es zwei Arten von einflussreichen Nutzern zu finden: zum einen die Influencer, die durch ihr eigenes großes Netzwerk in dem relevanten Themengebiet potentiell sehr stark zur Amplifikation des Inhalts beitragen können, und zum anderen die überdurchschnittlich aktiven Fans, Follower oder Abonnenten auch wenn sie selbst über kein großes eigenes Netzwerk verfügen.[3]

Die aktiven Fans in der eigenen Community herauszufinden, ist eine vergleichsweise einfache Aufgabe. Die meisten Community-Manager/innen lernen sie automatisch im Lauf ihrer eigenen Tätigkeit rund um die Community kennen. Auch bereits kostenlos verfügbare Monitoring Tools geben die Frequenz des Engagements einzelner Fans an und weisen Follower mit der höchsten Frequenz und den meisten erzielten Reaktionen in einem bestimmten Zeitraum aus. Die Community-Manager tun gut daran, diesen aktiven Fans kleine (soziale) Belohnungen zukommen zu lassen, indem sie zum Beispiel deren Kommentare liken oder auch ausgewählte Inhalte der Nutzer aktiv teilen und damit ihren Profilen die Reichweite des Unternehmens zu Gute kommen lassen.

3.3 Demografie des Publikums

Um das Publikum besser zu verstehen, sollte man neben der Betrachtung der reinen Größe des Publikums und des Einflusses des eigenen Unternehmens und seiner Marken auch die Zusammensetzung des Publikums betrachten. Neben den traditionellen, sozio-demografischen Informationen, wie Geschlecht, Alter, Bildungsstand, wahrscheinliches Einkommen, Standort (Land, Region, Stadt), Sprache der Nutzer, Betriebssystem etc., gilt es vor allem, die Verhaltens-Attribute sowie Interessen und Vorlieben des Publikums herauszufinden. In Kombination mit den sozio-demografischen Attributen erlauben diese Verhaltens-Merkmale ein sehr genau zugeschnittenes Targeting von Inhalten und Werbemitteln. Die einzelnen Plattformen bieten hierzu bereits einen sehr tiefgehenden Einblick in die

---

[3] Die Literatur zur Netzwerkanalyse weist zusätzlich auf eine dritte, für eine virale Verbreitung von Inhalten in den sozialen Medien sehr einflussreiche Kategorie von Nutzern hin: die sogenannten Brücken (Bridges) (Hinz et al. 2011). Diese Nutzer verfügen über kein großes eigenes Netzwerk und sind unter Umständen auch nicht sehr aktiv, sitzen aber an strategisch wichtigen Verbindungspunkten in einem Netzwerk, indem sie zwei oder mehrere Teilpopulationen verbinden. Um diese Brücken-Nutzer zu ermitteln, bedarf es allerdings einer Gesamtsicht auf das soziale Netzwerk, über welche nur die Betreiber der Social-Media-Plattformen verfügen.

eigenen Fans, Follower und Abonnenten. Einige Drittanbieter sind darüber hinaus in der Lage, die Informationen aus den sozialen Medien mit weiteren Informationen aus einer Vielzahl von Quellen anzureichern, zum Beispiel über das Kaufverhalten, Produktvorlieben oder über politische oder thematische Einstellungen. Sie werten hierfür bspw. Daten aus Kreditkartentransaktionen, aus Mitglieds- oder Bonusprogrammen, Wähler- oder Melderegister aus und ergänzen sie teilweise durch Informationen, die sie mittels personalisierten Onlineumfragen oder Quizzes erheben. Dies kann bis zur Erstellung von psychografischen Profilen und darauf abgestimmter Kommunikation gehen (vgl. Hopf 2020).

3.4   Weiterführende Kennzahlen

Der Kommunikationserfolg des Unternehmens in den sozialen Medien kann auch Einfluss auf wichtige Erfolgsgrößen in Bezug auf die Markenbekanntheit in anderen kommunikativen Umfeldern haben. Wenn möglich sollte ergänzend das Ranking in den Suchmaschinen für die wichtigen Suchanfragen und die Anzahl der neue dazugekommen Backlinks (Links Obtained) im Auge behalten werden.

Durch Marktforschung kann auch für wichtige Kampagnen die Veränderung der gestützten und ungestützten Markenbekanntheit (Brand Uplift) und der Markenwahrnehmung ermittelt werden. Dies ist aktuell nur mittels Panel-Umfragen möglich, die einen Vorher-Nachher-Vergleich unter zwei Panelgruppen durchführen, wobei die eine Gruppe mit der Kampagne in Berührung kam und die andere nicht (exposed vs. non-exposed). Im Rahmen solcher Studien werden die Gruppen nach der gestützten und ungestützten Marken- und Kampagnenbekanntheit befragt (aided, non-aided brand/message recall), sowie nach den Assoziationen in Verbindung mit der Marke und der Kampagne (Message Association, Brand Imagery, Brand Attributes) und unter Umständen nach der Weiterempfehlungswahrscheinlichkeit (Recommendation Intent, Net-Promoter Score). Die Möglichkeiten Brand Uplift indirekt zu messen bspw. mittels Veränderungen im Suchvolumen, im Sentiment oder im Engagement, steigen allerdings mit dem Grad der Marketing Automation.

Interesse und Erwägung (Interest and Consideration)

4

▶ Ziel dieser Phase ist es zunächst den Grad des Interesses des Kunden an den Angeboten des Unternehmens zu steigern, nachdem die vorausgegangene Phase bereits die grundlegende Aufmerksamkeit hergestellt hat. Auf dem erzeugten Interesse aufbauend soll durch die Interaktion (Engagement) der potentiellen Kunden mit den angebotenen Kommunikationsinhalten die Erwägung der Aufnahme in den Präferenz-Set unterstützt werden. Die sozialen Medien sind aufgrund ihrer Interaktivität und ihrer multi-medialen Möglichkeiten für diese Aufgaben sehr gut geeignet. Darüber hinaus kann ihr sozialer Charakter sowohl bei der Stärkung des Interesses als auch der Aufnahme des Produktes in den Präferenz-Set unterstützend wirken, indem sich der Interessent von den Aktivitäten, Einstellungen und Meinungen anderer in der Community oder über Bewertungsplattformen beeinflussen lässt.

In dieser Phase der Customer Journey entwickelt sich aus dem potentiellen Kunden ein sich gezielt informierender Kunde, der am Ende seine Entscheidung trifft, aber unter Umständen noch nicht in die Tat umsetzt. Nachdem die grundlegenden Ziele der vorausgegangenen Phase die Steigerung der Bekanntheit der Marke und der Markenattribute sowie die Gewinnung potentieller Neukunden waren, soll nun versucht werden die Marke und die Angebote des Unternehmens im Präferenz-Set der potentiellen Kunden zu verankern. Nun sind die Nutzer zumeist zum ersten Mal auch für tiefergehende, produkt-bezogene Kommunikation über technische Details, Vorteile, Preise etc. offen.

Zunächst informiert sich der potentielle Kunde über die Details der unterschiedlichen Angebote, schränkt die zur Auswahl stehenden Produkte und

Dienstleistungen ein und bildet aus den Angeboten, die er weiterverfolgen will, seinen eigenen Präferenz-Set. Ob das Produkt des Unternehmens im Präferenz-Set vertreten ist, hängt nicht zuletzt auch davon ab, wie gut es sich in der Wahrnehmung des Kunden bereits in der vorausgegangenen Phase der Customer Journey hat von anderen Produkten abheben können. Schließlich trifft der Kunde seine Kaufentscheidung, leitet aber unter Umständen den Kaufprozess noch nicht ein.[1]

4.1   Interesse

Zunächst versucht das Marketing eine zunehmend engere Verbindung zum potentiellen Kunden aufzubauen und in ihm das Interesse an den Angeboten des Unternehmens zu steigern, was zum Beispiel durch einen Klick zum Starten eines Videos, durch das vollständige Anschauen des Videos oder durch den Klick auf den Call-To-Action angezeigt werden kann. Der Grad der Wahrnehmung der Inhalte steht somit für die Stärke des Interesses des potentiellen Kunden.

Für den Grad der Wahrnehmung oder die Beschäftigung mit den angebotenen Inhalten können Standard-Kennzahlen genutzt werden, wie bspw. die Zahl der neuen Views oder Downloads in einem bestimmten Zeitraum. Die gängigste Form das Interesse zu messen ist im angebotenen Inhalt einen Call-To-Action mit einem Link zu hinterlegen, sodass der interessierte Kunde an den nächsten Inhalt und ggf. auch bereits an die nächste Phase der Customer Journey weitergeleitet wird. Durch das Auslesen der Clicks kann gemessen werden, wie viele Nutzer auf diese Weise ihr vertieftes Interesse gezeigt haben (Click-Throughs). Indem man die absolute Zahl der Clicks in Relation zu der Gesamtzahl der Views setzt wird erkennbar, wie effektiv der angebotene Inhalt war (Click-Through Rate CTR).

$$Click\text{-}Through\ Rate\,(CTR)\,(\%) = \frac{\#\ Clicks\ auf\ den\ Call\text{-}To\text{-}Action}{\#\ Views} \times 100$$

Für Videoinhalte und Stories bietet es sich vor allem an zu messen, wie viele Nutzer das Video zu Ende gesehen und damit ein hohes Interesse gezeigt haben und wie lange im Durchschnitt das Video oder die Story angesehen wurde.

$$View\text{-}Completion\ Rate\,(\%) = \frac{\#\ Views\ bis\ zum\ Ende}{\#\ Views} \times 100$$

---

[1] Dieser Teilprozess der Entscheidungsfindung wird aus Marketingsicht daher auch gerne in drei Unterabschnitte unterteilt, die aber in der konkreten Kommunikationsumsetzung häufig schwer voneinander zu trennen sind: Ermöglichung der Einflussnahme auf die weitergehende Entscheidungsfindung (Influence), Präferenz (Preference) und Entscheidung (Decision).

$$V iew\text{-}T hrough\ Rate\,(VTR)\,(\%)$$
$$= \frac{Durchschnittliche\ Betrachtungslänge\ des\ Videos}{Gesamtlänge\ des\ Videos} \times 100$$

Je nach Art des Auftritts in den sozialen Medien und den sich anschließenden angebotenen Inhalten bieten sich weiterführende Kennzahlen an, bspw. wenn es sich um einen Blog handelt, der wie eine Website ausgelesen werden kann, oder wenn gezielt vertriebliche Inhalte eingesetzt wurden (siehe Tab. 4.1).

Tab. 4.1 Grad des Interesses: Weiterführende Kennzahlen

# Bookmarks	Markieren und merken sich die Nutzer bestimmte Inhalte?
# Downloads (z. B. White Paper oder App)	Laden sie Inhalte herunter?
Dwell Time (Time Spent With Post, Time on Page)	Wieviel Zeit verbringen die Nutzer durchschnittlich mit dem jeweiligen Inhalt?
Sentiment und Hashtags (siehe Abschn. 7.3)	Welches Sentiment zeigen die Nutzer bei den Interaktionen mit den Inhalten und welche Hashtags verwenden sie?
Abonnenten und Newsletter Wachstum (Subscription Growth bspw. YouTube, RSS-Feed, Newsletter etc.)	Wie viele neue potentiellen Kunden sind so interessiert, dass sie zukünftig über die unternehmenseigenen Kanäle mehr erfahren wollen?
Click-Through-Rate auf Anzeigen bzw. Inhalten mit Kaufangeboten	Wie häufig wurde aus den vertrieblichen Anzeigen oder Inhalten auf die dort enthaltenen konkreten Angebote geklickt?
# Landing Page Conversions from Social Media	Wie viele potentielle Kunden sind so interessiert, dass sie aus den sozialen Medien heraus, eine bestimmte Produkt-Landing-Page angewählt haben?
Repeat Visits	Wie viele Nutzer kommen mehrfach zurück, bspw. zum Unternehmens-Blog?
Bounce Rate	Wie viele Nutzer verlassen den Blog sofort wieder ohne den angebotenen Inhalt länger zu betrachten?

4.2   Erwägung

Nachdem in den bisherigen Schritten der Customer Journey eine allgemeine Aufmerksamkeit für die Marke und die Angebote des Unternehmens hergestellt und darauf aufbauend bereits das Interesse des Kunden gestärkt wurde, sollen nun die Erwägungen (Consideration) des Kunden positiv unterstützt werden, um ihn zu veranlassen, die konkreten Angebote des Unternehmens in seinen Präferenz-Set aufzunehmen. In den sozialen Medien wird eine zunehmende Bereitschaft, die Angebote des Unternehmens in die engere Auswahl zu nehmen, durch den Grad der Interaktion mit den angebotenen kommunikativen Inhalten deutlich. Daher zielt diese Phase der Customer Journey aus Marketingsicht darauf ab, das Engagement des Nutzers zu steigern.

Engagement misst die Interaktionen der Nutzer mit den angebotenen kommunikativen Inhalten („behavioural manifestation", van Doorn et. al. 2010). In seiner grundlegenden Form zählt das Engagement alle Interaktionen in einem bestimmten Zeitraum wie etwa Likes, Comments, Replies, Shares, Re-Tweets aber auch Click-Throughs und andere Formen der Interaktion, unter Umständen gewichtet nach Wertigkeit der Interaktion. Welche Arten der Interaktion gezählt und mit welchem Gewicht in die Summe eingerechnet werden, unterscheidet sich je nach sozialem Medium.[2]

Da die absolute Zahl an Interaktionen (Social Shares oder Social Triggers) nur selten Aussagekraft besitzt, werden diese Kennzahlen zumeist in einem zeitlichen Ablauf betrachtet, sodass Entwicklungen oder Ausreißer nach oben oder unten erkennbar werden. Die gängigsten Kennzahlen hierfür unterscheiden sich nach der Art der Interaktion, die gemessen wird.

Die Engagement-Rate setzt alle erreichten Interaktionen in Relation zur Größe des Publikums. Sie wird daher oft als Interaktionsrate bezeichnet. Sie soll zeigen, wie gut es gelungen ist, die eigene Community bzw. das Publikum zur aktiven Teilnahme zu mobilisieren.

$$Engagement\text{-}Rate\,(\%)$$
$$= \frac{\#\,Interaktionen}{Potentielle\ Reichweite\ oder\ erzielte\ Reichweite} \times 100$$

---

[2] Engagement-Kennzahlen weisen meist starke Volatilität auf, so dass zur Analyse eine einheitliche Messung essentiell ist. Nur so kann sichergestellt werden, dass die auffälligen Werte, insbesondere Maxima und Minima, nicht durch das Messverhalten bedingt sind. Denn genau diese Unterschiede über die Zeit hinweg oder zwischen den Kanälen oder zwischen einzelnen Inhalten bieten zumeist die aufschlussreichsten Erkenntnisse.

Im Detail wird die Engagement-Rate auf durchaus unterschiedliche Arten berechnet, je nach Datenverfügbarkeit, Social-Media-Plattform oder Analytics-Anbieter. Die Anzahl der Interaktionen kann so in einer Definition alle Likes, Shares und Kommentare zusammenfassen, unter Umständen auch gewichtet. In einer zweiten, erweiterten Definition werden auch noch Link-Klicks gezählt. Facebook dagegen nimmt jede Art der Interaktion, bspw. auch ein Klick auf ein Bild, mit in die Berechnung auf. Auch der Divisor wird unterschiedlich definiert. Hier findet man hauptsächlich zwei Formen: Entweder wird die Gesamtzahl der Follower oder Fans genutzt, d. h. die potentielle Reichweite unter Umständen angepasst um einen durchschnittlichen Viralitätswert (siehe die Diskussion unter Abschn. 3.1). Alternativ wird die tatsächlich erzielte (Netto-)Reichweite als Divisor verwendet. Letzteres sollte auf jeden Fall genutzt werden, wenn der Beitrag werblich unterstützt wurde.[3] Zumeist wird die Engagement-Rate pro Kanal einzeln gemessen. Wenn derselbe Artikel über mehrere Kanäle kommuniziert wird, kann man die Engagement-Rate auch zusammenfassen, wobei dann allerdings potentiell aufschlussreiche Erkenntnisse über das unterschiedliche Verhalten der Nutzer auf den einzelnen Plattformen verloren gehen.

Betrachtet man die unterschiedlichen Arten der Interaktionen getrennt, so erhält man die Applause-Rate (Likes), die Amplifikation-Rate (Shares) oder die Conversation-Rate (Kommentare).

$$Applause\text{-}Rate\,(\%)$$
$$= \frac{\#\ Likes}{Potentielle\ Reichweite\ oder\ Erzielte\ Reichweite} \times 100$$

Die Applause-Rate betrachtet die Zustimmung der Community durch Facebook-Likes oder ähnlichen einfachen Zustimmungsformen auf den einzelnen sozialen Kanälen und setzt sie ins Verhältnis zur potentiellen Reichweite oder erzielten Netto-Reichweite. Hiermit gibt sie Aufschluss darüber für welchen Anteil der Community der Kommunikationsinhalt so interessant und relevant ist, dass sie selbst ihre Zustimmung signalisieren.

---

[3] Eine selten aber potentiell interessante Variante des Divisors wäre die potentielle Reichweite zu ergänzen um die inkrementelle Zahl der zusätzlich erreichten Unique Impressions bei Nutzern, die nicht Mitglieder der Community sind, d. h. Potentielle Reichweite + Erzielte Netto-Reichweite – Anzahl der Nutzer, die sowohl in der potentiellen als auch der erzielten Reichweite gezählt wurden. Dieser Divisor beinhaltet somit zusätzlich zur erzielten Netto-Reichweite auch diejenigen Fans und Follower, die den Inhalt nicht eingeblendet bekommen haben ihn aber hätten sehen können, wenn entweder das werbliche Budget und/oder die Viralität des Beitrages höher gewesen wäre.

$$Amplification\text{-}Rate\,(\%)$$
$$= \frac{\#\,Shares}{Potentielle\ Reichweite\ oder\ Erzielte\ Reichweite} \times 100$$

Durch das Verhältnis der Anzahl der Shares oder Retweets o. ä. zur Größe der Community oder der erzielten Reichweite wird gezeigt, wie hoch die Verstärkungsrate eines Posts ist. Je höher die Amplification-Rate, desto größer ist die Bereitschaft der Community, die Marke oder das Unternehmen in die eigene Kommunikation einzubinden und ausdrücklich an die eigene persönliche Peer-Group weiterzuleiten. Allerdings sollte man hierbei auch immer auf das Sentiment achten.

$$Conversation\text{-}Rate\,(\%)$$
$$= \frac{\#\,Kommentare}{Potentielle\ Reichweite\ oder\ Erzielte\ Reichweite} \times 100$$

Ähnlich wie die Applause-Rate in Bezug auf Likes zielt die Conversation-Rate darauf ab, die absolute Zahl an erfolgten Kommentaren beurteilen zu können, indem sie die Kommentare in Relation zur Community-Größe oder zur erzielten Reichweite setzt. Berechnet man die Conversation-Rate über einen längeren Zeitraum hinweg, so wird deutlich, wie viele Kommentare die Fans bzw. Follower (pro Post oder gesamt auf der Seite) im Durchschnitt, d. h. normalerweise, hinterlassen. Je höher die Conversation-Rate ist, desto stärker ist das inhaltliche Engagement in der Community. Um das Engagement qualitativ einzustufen, muss allerdings auch das Sentiment der Kommentare in Betracht gezogen werden.

Einen leicht anderen Blick bietet die Diskussionsreichweite (Conversation Reach oder auch Talk-About-Fan-Ratio). Bei der Ermittlung der Diskussionsreichweite wird nicht mehr unterschieden nach unterschiedlichen Interaktionsgraden sondern es werden alle aktiven Nutzer (Diskussionsteilnehmer) nur einmal gezählt, egal in welcher Form und wie häufig sie sich einbringen. Die so ermittelte Anzahl der aktiven Nutzer wird in ein Verhältnis gesetzt zur Gesamtzahl der Nutzer.

$$Diskussionsreichweite\,(Conversation\ Reach)\,(\%)$$
$$= \frac{\#\,aktive\ Nutzer\,(Diskussionsteilnehmer)}{Potentielle\ oder\ Erzielte\ Reichweite} \times 100$$

Generell will die Kennzahl einen Eindruck darüber vermitteln, wie hoch der Anteil der Nutzer ist, die zum Engagement beitragen. Ist das Engagement auf eine breite Basis an Nutzern gestellt oder hängt es von wenigen, sehr aktiven Mitgliedern ab? Steigt die Diskussionsreichweite bei bestimmten Themen, so kann man dies als Anlass sehen, diejenigen Themen verstärkt zu bespielen, da sie offensichtlich eine breitere Resonanz innerhalb der Community erfahren und somit das Engagement fördern. Wie bei den meisten anderen Engagement-Kennzahlen sollte hierbei aber auch auf die Tonalität der Aktivitäten geachtet werden. Sofern man in der Lage ist, die aktiven Nutzer einzuteilen in eher positiv und eher negativ gestimmt, erhält man aus einer plötzlichen Veränderung des Verhältnisses der beiden Gruppen einen Frühindikator für eine Welle aufkommender negativer Kritik (siehe Krisenkommunikation unter Abschn. 7.4).

Um die organische Amplifikationsstärke des Beitrags beurteilen zu können, wird die Reichweite, die durch Shares, Retweets, Reposts in Messenger-Chats, Reblogs oder ähnliche virale Formen erreicht wurde, durch die initiale Reichweite des Artikels selbst dividiert. Je höher der Virality-Score ist, desto stärker haben die Nutzer zur Verbreitung des Posts beigetragen.

$$Virality\ Score\ (\%) = \frac{\#\ Impressions\ durch\ Social\ Shares}{\#\ Impressions\ durch\ initialen\ Post} \times 100$$

Ähnlich versucht die Social (Up-)Lift Kennzahl, die Erweiterung des Engagements und nicht nur der Reichweite darzustellen. Interaktionen mit dem Inhalt, die erst durch die weitere Verbreitung des Inhalts durch die Nutzer möglich wurden, werden ins Verhältnis gesetzt zu Interaktionen, die durch die eigene Verbreitung des Inhalts erreicht wurden. Der Social Lift gibt daher Auskunft darüber, wie wichtig die Verbreitung des Inhalts durch die Nutzer für die Generierung der Interaktionen mit dem Inhalt war.

$$Social\ (Up\text{-})Lift\ (\%) = \frac{\#\ Interaktionen\ durch\ Social\ Shares}{\#\ Interaktionen\ mit\ initialem\ Post} \times 100$$

Die beiden Kennzahlen Virality Score und Social Lift stellen große Anforderungen an die Erhebung der zugrunde liegenden Messgrößen und werden daher häufig im Detail unterschiedlich errechnet und können zum Teil auch nur in sehr rudimentärer Form erhoben werden. Insbesondere die private Weiterleitung eines Inhalts innerhalb von Messenger-Diensten kann aktuell vom ursprünglichen Anbieter des Inhalts nicht selbst gemessen werden, sofern die Interaktion den Messenger-Dienst nicht verlässt. Erst die Interaktion, die zu einem Verlassen des Dienstes und damit einer Interaktion zum Beispiel mit der Facebook-Seite oder der Website des Inhalte-Anbieters führt, kann wiederum gemessen werden. Mit der zunehmenden Bedeutung von Messenger-Diensten wird dies mehr und mehr zu einem Problem für das Social Media Monitoring.

Will man für einzelne Touchpoints oder Inhalte die finanzielle Effizienz beurteilen, Kunden an die Marke zu binden, so bietet es sich an, die direkt zuordenbaren Kosten der einzelnen Social-Media-Aktivitäten ins Verhältnis zu den erzielten Interaktionen zu setzen (Cost per Engagement). Diese Kennzahl rückt vermehrt in den Mittelpunkt, wenn die Verbreitung der Kommunikationsinhalte durch werbliche Budgets unterstützt wurden.

$$Cost\ per\ Engagement\ (\text{€})$$
$$= \frac{Zuordenbare\ Kosten\ der\ Social\text{-}Media\text{-}Aktivität\ (\text{€})}{\#\ Interaktionen}$$

Manche Anbieter von Social Media Monitoring Software bieten zusätzlich eine Kennzahl zu Buyer Intent an, indem sie die Zeit messen, die ein Nutzer auf der eigenen Website, dem eigenen Blog und anderen unternehmenseigenen Inhalten verbringt, und diese in Relation setzt zu der Zeit, die der selbe Nutzer auf den Inhalten der Wettbewerber verbringt. Diese Kennzahl ist potentiell sehr aussagekräftig für die generelle Einschätzung des Fortschritts des Entscheidungsprozesses des potentiellen Kunden und des Erfolgs der eigenen Inhalte in der Erwägungs-Phase der Customer Journey, kann aber aus eigenen Mitteln des Unternehmens nicht erhoben werden.

Absicht und Kauf

5

> Je nach Grad der Datenintegration stehen für die Auswertung der Wirkung der Aktivitäten des Unternehmens in den sozialen Medien auf das Kaufverhalten unterschiedliche Kennzahlen zur Verfügung. Da auf dem Weg zur finalen Umsetzung der Entscheidung des Kaufs vertriebliche Informationen ausschlaggebend sein können, wird in dieser Phase vermehrt mit konkreten Kaufanreizen gearbeitet. Vertriebsorientierte Kennzahlen stehen folglich im Mittelpunkt der Beobachtung. Grundsätzlich versuchen diese Kennzahlen die beiden Schritte des Übergangs von Kaufentscheidung zu Kaufhandlung und letztendlich zum Kaufabschluss zu messen.

In dieser Phase der Customer Journey soll sichergestellt werden, dass aus dem potentiellen Kunden, der sich bereits informiert und eigentlich schon entschieden hat, nun auch ein kaufender Kunde wird. So hilfreich die sozialen Medien sind, den potentiellen Kunden an die Kaufentscheidung heranzuführen, die finale Kauf-Konversion und der Kauf selbst finden zumeist noch außerhalb der sozialen Medien statt. Für die Beurteilung der Social-Media-Aktivitäten für diesen Schritt der Customer Journey ist es daher essentiell, Zugang zu Daten zu bekommen die den Fortgang und finalen Abschluss des Kaufs messen. Die verschiedenen Social-Media-Plattformen bieten hierfür diverse Integrationswerkzeuge an, mit denen die Auswertung des eigenen Online-Shops mit den Daten aus den sozialen Kanälen verbunden werden kann.[1] Findet der Kaufabschluss außerhalb

---

[1] Bei der Entscheidung, ob das Unternehmen diese Integrationswerkzeuge zum Datenaustausch zwischen dem eigenen Online-Shop und der sozialen Plattform einsetzen will, sollten allerdings weitere Aspekte neben der erzielbaren Verbesserung der Datenauswertung berücksichtigt werden. Insbesondere der Datenschutz der eigenen Kunden und die mit der

G. Hopf, *Social-Media-Kommunikation entlang der Customer Journey*, essentials, https://doi.org/10.1007/978-3-658-34891-5_5

der eigenen Online-Präsenz statt, muss die Zusammenführung der Informationen meistens händisch erfolgen oder mittels eines eCRM-Systems.[2] Zusätzlich erschwerend kommt hinzu, dass eine exakte Abgrenzung zwischen der Erwägung möglicher Angebote durch den Kunden, seine Kaufentscheidung und der Ausführung des Kaufabschlusses nicht möglich ist. Vielmehr sind die Übergänge sehr fließend und häufig ist besonders dieser Teil der Customer Journey von iterativen Entscheidungs- und Verhaltensprozessen geprägt, d.h. der Kunde wird zwischen diesen Schritten mehrfach hin und her springen.

Im Alltag bedeutet die Einschränkung der Datenverfügbarkeit ohne einen hohen Grad der Integration, dass die letzte messbare Zielhandlung so nah wie möglich vor der finalen Kaufhandlung gezählt und in eine Konversionsrate überführt wird. Hiermit wird deutlich wie viele Nutzer, die das Unternehmen über ihre Touchpoints in den sozialen Medien erreichen konnte, die Customer Journey auch bis zur gewünschten Zielhandlung beschritten haben.

$$Konversionsrate\,(Conversion\,Rate)\,(\%)$$
$$= \frac{\#\,ausgef\ddot{u}hrte\,Zielhandlungen\,(Konversionen)}{Erzielte\,Reichweite} \times 100$$

Die ausgewerteten Zielhandlungen können vielfältige Formen annehmen, bspw. Hinzufügungen zum Warenkorb oder Kaufabschlüsse.Wenn kein Datenaustausch mit dem Ort des Kaufabschlusses möglich ist, wird de facto der Klick auf den Link zum Shop zur final messbaren Zielhandlung und somit die Click-Through-Rate zu einem Ersatz für die Konversionsrate.

▶ **Wichtig** Der Begriff der Konversion umfasst grundsätzlich die Ausführung jeder gewünschten Zielhandlung durch den Nutzer, d.h. nicht nur diejenigen Handlungen, die zum finalen Kaufabschluss führen. So können in den vorausgehenden Phasen der Customer Journey bereits der Download von zur Verfügung gestellten Dokumenten als Konversion gemessen werden oder auch die Anmeldung zu einem Newsletter auch wenn auf Seite des Kunden noch keine Kaufentscheidung getroffen wurde.

Einbindung der Integrationswerkzeuge verbundene Erlaubnis des Daten-Zugriffs der sozialen Plattform auf die Transaktionen im eigenen Online-Shop bedürfen einer genauen Abwägung.

[2] Wenn die Datenintegration im Customer Relationship Management (CRM) System durch einen automatisierten Datenaustausch mit den verschiedenen Touchpoints stattfindet, spricht man von electronic CRM (eCRM).

Besonders bei werblich-unterstützten Kommunikationsaktivitäten, die unter Umständen auch erfolgsabhängig bezahlt werden, wird der Begriff der Konversion häufig genutzt, um einen Click-Through plus Ausführung der sich anschließenden Zielhandlung durch den Kunden zu beschreiben. Um diese Begriffsverwirrung zu vermeiden, spricht das vorausgehende Unterkapitel „Interesse und Erwägung" immer von der konkreten Zielhandlung, die gemessen werden soll, bspw. Anzahl der Downloads oder Anmeldungen zum Newsletter, und nicht von Konversion.

Für die Optimierung der Customer Journey in den sozialen Medien empfiehlt es sich, Konversionen nur im engeren Sinn, d.h. als den Übergang von Kaufentscheidung zu Kaufabschluss, zu verstehen. Ansonsten wird jede Handlung des Kunden, d.h. jede Interaktion des Kunden mit Inhalten des Unternehmens, bereits zur Konversion und die Messzahl verliert an Aussagekraft.

Ist eine Datenintegration bis hin zum Kaufabschluss gegeben, werden auch Umsatz- oder sogar Deckungsbeitrags-orientierte Kennzahlen möglich.

$$Durchschnittlicher\ Umsatz\ pro\ Konversion\ (\text{€}) = \frac{Umsatz\ (\text{€})}{\#\ Konversionen}$$

Fortgeschrittene Systeme erlauben zusätzlich durch eine sehr genaue Kunden-Beobachtung entlang der individuellen Kundenreise die Zuordnung des erzielten Umsatzes auf einzelne Touchpoints entlang der Customer Journey (Attribution). Die Attribution der erzielten Verkaufszahlen setzt allerdings voraus, dass das Unternehmen in der Lage ist, erzielte Umsätze bestimmten Kommunikationsaktivitäten entlang der gesamten Customer Journey zuzuordnen. Da die Wichtigkeit der einzelnen Touchpoints für die Entscheidung des Kunden und damit der zugewiesene Anteil am erzielten Umsatz aber meistens nur geschätzt werden kann, bleiben die Ergebnisse selbst ausgefeilter Attributionsmodelle nur Schätzwerte. Die Ergebnisse sind sehr stark von den Annahmen der Gewichtung und der sich daraus ergebenden Verteilung des Umsatzes auf die Touchpoints abhängig.

5.1 Weiterführende Kennzahlen: Lead-Scoring

Sofern ein Customer-Relationship-Management-System (CRM) zur Verfügung steht und auch entsprechend gepflegt wird, sind weitere Kennzahlen und ein

Steuerungssystem auf individueller Kundenbasis möglich. Durch das sogenannte Lead-Scoring-Verfahren wird der Fortschritt einzelner potentieller Kunden entlang ihres Entscheidungsprozesses festgehalten. Einige soziale Plattformen bieten hierfür gezielt Werkzeuge an, die es erlauben, die Kontaktdetails in den sozialen Medien zu erheben (Lead Generation Forms). Damit kann zumindest der Einstieg in das Lead-Scoring klar den sozialen Medien zugerechnet werden und durch die besonderen Targeting-Techniken der sozialen Medien (Custom oder Look-Alike Audiences) ergeben sich spezielle Möglichkeiten, die Leads weiter entlang ihrer Customer Journey anzusprechen oder neue, ähnliche zu finden. Tab. 5.1 gibt einen kurzen Überblick über die sich daraus ergebenden Kennzahlen.

Tab. 5.1 Lead-Scoring-Kennzahlen

# New Leads	Nach dem Abgleich mit dem CRM-System, wie viele neue Leads, d.h. mit Namen und Kontaktdetails, wurden generiert?
Durchschnittliche Kosten pro neuem Lead (Average Cost Per New Lead oder Cost per Lead CPL)[3]	Was musste im Durchschnitt ausgegeben werden, um einen neuen Kontakt zu akquirieren, d.h. wie effizient war die Kommunikationsaktivität?
# neue MQLs # neue SALs # neue SQLs # neue Sales-Opportunity-Leads # Leads in Pipeline	Wie viele neue Marketing-Qualified Leads (MQL) nach der im CRM-System hinterlegten Definition (Fit mit hinterlegten Kunden Personas) konnten gewonnen werden und wie viele davon wurden vom Vertriebsteam akzeptiert (Sales-Accepted Leads SAL)? Wie viele Sales-Qualified Leads (SQL) konnten gewonnen werden, bei denen das Vertriebsteam davon ausgeht, dass ein konkretes Kaufinteresse vorliegt? Wie viele Sales-Opportunity Leads konnten gewonnen werden, von denen man ausgeht, dass sie kurz vor der Kaufentscheidung stehen? Wie viele potentielle Kunden oder wie viele neue potentielle Kunden befinden sich gerade in der CRM-Pipeline?

(Fortsetzung)

---

[3] Je nachdem wie das Unternehmen den Fortschritt des Kunden verfolgt, gibt es für die Cost-Per-Lead-Kennzahl auch noch andere Namen: Cost-Per-Target oder Cost-Per-MQL (Marketing Qualified Lead). Die Kennzahl ist sehr eng verbunden mit den Kosten-Pro-Neukunde, die über alle Marketing- und Vertriebsaktivitäten hinweg erfasst werden.

Tab. 5.1 (Fortsetzung)

Leadscore nach RFM-Methode (RFM: Recency, Frequency, Monetary Value)	Nach der RFM-Methode werden die Leads entlang dreier Attribute eingestuft, die in einen gemeinsamen Score überführt werden: wie aktuell ist der Kontakt (Recency), wie häufig hat der Kontakt auf Inhalte des Unternehmens zugegriffen (Frequency), welcher Umsatz wurde bisher mit dem Kunden generiert und bei Neukunden oder Wiederholungskäufen: welches zukünftige Umsatzvolumen ist wahrscheinlich (Monetary Value). Die genaue Berechnung, insb. Gewichtung und Einstufung, des RFM-Scores ist unternehmensabhängig
# Erhöhungen des Lead Scores für im CRM bereits aufgenommene Kontakte	Im CRM-System können auch Leads in unterschiedliche Stufen (Lead Score) eingeteilt werden, je nachdem wieviel sie sich bereits mit den Inhalten beschäftigt haben. Daraus ergeben sich interessante Messgrößen: Wie viele der Nutzer haben ihren im CRM-System zugewiesenen Wert erhöht, d.h. haben sich vertiefter mit den Inhalten auseinandergesetzt als bisher?
Cost Per Change in Lead Score	Wie viel hat eine Veränderung im Lead Score gekostet?

Zufriedenheit, Kundenbindung und Fürsprache

6

▶ Nach dem Kauf macht der Kunde erste Erfahrungen mit dem Produkt, der After-Sales-Betreuung durch das Unternehmen und gegebenenfalls mit dem Kundendienst. In dieser Phase können die sozialen Medien wieder ihre besondere Stärke aus Interaktivität und Multi-Medialität ausspielen, wenn der Kunde seine Erfahrungen mit dem Produkt reflektiert, insb. im Vergleich zu den vorher geschürten Erwartungen, aber auch mit Blick auf den Liefervorgang und das Verhalten des Unternehmens im Umgang mit möglichen Nachfragen oder Anliegen des Kunden. Aus dem Kunden soll ein treuer, wiederkehrender Kunde werden und gleichzeitig soll die öffentlich geteilte Erfahrung des Kunden andere potentielle Kunden in ihrem Entscheidungsprozess positiv beeinflussen. Wenn dies gelingt, wird für das Marketing des Unternehmens aus der linearen Customer Journey ein sich selbst-verstärkender Kreislauf.

Ziel der Kommunikationsverantwortlichen in dieser Phase ist, die Kunden zu einem nachhaltigen Online-Engagement mit der Marke zu führen und falls notwendig den Kunden bei seinen Anliegen mit dem Produkt transparent zu unterstützen, um damit zu zeigen, wie gut das Unternehmen im Kundendienst performt (inkl. Reklamationen, Retouren etc.). Besondere Wichtigkeit für diese Phase der Customer Journey gewinnen Social-Sharing Sites, Bewertungs- und Empfehlungsplattformen, Bonusprogramme oder Aktionen zur Veröffentlichung von Kundenerfahrungen zum Beispiel in Form von Fotowettbewerben oder Umfragen. Die starke Verbreitung von Messenger-Diensten erlaubt es dem Unternehmen, diese Form der Kommunikation für After-Sales und Kundendienst Aufgaben vermehrt einzusetzen. Unternehmen können aber auch weiterdenken und die loyalen

G. Hopf, *Social-Media-Kommunikation entlang der Customer Journey*, essentials, https://doi.org/10.1007/978-3-658-34891-5_6

Kunden über die sozialen Medien aktiv in die Entwicklung neuer Produkte oder Dienstleistungen und somit in die Wertschöpfungskette einbeziehen.

6.1   Zufriedenheit und Kundenbindung

Die Zufriedenheit des Kunden wird zumeist gemessen, indem man versucht, die Empfehlungswahrscheinlichkeit herauszufinden, basierend auf der Annahme, dass nur wirklich zufriedene Kunden bereit sind, das Angebot des Unternehmens auch weiterzuempfehlen. Je höher die Empfehlungswahrscheinlichkeit, desto höher ist der Annahme folgend auch die Zufriedenheit des Kunden.

Die gängigste Form die Empfehlungswahrscheinlichkeit zu messen und auszuwerten, ist der Net Promoter Score (NPS). Zur Ermittlung des Net Promoter Score wird jedem Kunden bzw. einer repräsentativen Stichprobe der Kunden zunächst eine einfache Frage gestellt, die die Befragten anhand einer Skala von 0 bis 10 beantworten sollen: „Wie wahrscheinlich ist es, dass Sie das Unternehmen x bzw. das Produkt x einem Freund/einer Freundin oder einem Kollegen/einer Kollegin weiterempfehlen?"

Für die Auswertung und Deutung der Ergebnisse über die reine Empfehlungswahrscheinlichkeit des einzelnen Kunden hinaus, schlägt das Konzept des Net Promoter Score nach Reichheld (2003) vor, die Kunden mithilfe dieser einfachen Frage in drei Kategorien einzuteilen: die Promotoren (Werte von 9 oder 10), die Passiven (Werte von 7 oder 8) und die Detraktoren (Werte zwischen 0 und 6). Indem nun vom Prozentsatz der Promotoren unter allen Befragten der Prozentsatz der Detraktoren abgezogen wird, kann die generelle Kundenzufriedenheit in einer einfachen Kennzahl festgehalten werden. Der Net Promoter Score wird daher auch Promotorenüberhang genannt. Ist der so ermittelte NPS größer als Null, geht man von einer guten und bei Werten über 50 von einer sehr guten Kundenzufriedenheit aus (vgl. Greve 2010).

$$Net\ Promoter\ Score\ (NPS) = \left(\frac{\#\ Promoteren}{\#\ Befragter} - \frac{\#\ Detraktoren}{\#\ Befragter} \right) \times 100$$

Wenn alle Kunden im Nachgang zum Kaufprozess nach ihrer Empfehlungswahrscheinlichkeit gefragt werden, interessiert die Verantwortlichen für die Kommunikation des Unternehmens in den sozialen Medien vor allem die Veränderung des NPS über die Zeit hinweg und wenn möglich die Identifikation und Aktivierung der Promotoren zu Markenbotschaftern. Wird der NPS sichtprobenweise erhoben, kann er mittels eines Vorher-Nachher-Vergleiches zur Erfolgsmessung von Kampagnen beitragen.

Die Kundenbindung (Customer Retention)[1] zeigt sich in den sozialen Medien neben der Weiterempfehlungsbereitschaft durch ein starkes Engagement und ein positives Sentiment, so dass die hierfür genutzten Kennzahlen auch als KPIs für die Kundenbindung eingesetzt werden können.Mehr vertriebsorientierte Kennzahlen messen das weitergehende Kaufverhalten der einzelnen Kunden, insbesondere die Kauffrequenz und das Umsatzvolumen. Fortgeschrittene CRM-Systeme versuchen auch einen Customer Lifetime Value (CLV) zu schätzen. Wenn dies möglich ist, wird für die Betreuung der sozialen Medien besonders ein Vergleich der CLVs der loyalen Kunden, die sich auf den sozialen Medien mit oder für das Unternehmen engagieren, mit den nicht aktiven Kunden interessant.

6.2 Fürsprache (Advocacy)

Durch die Verbreitung der sozialen Medien hat die After-Sales-Phase eine zusätzliche Qualität erhalten, da die sozialen Medien dem Kunden nun auch erlauben, selbst und wirkungsstark in die Kommunikation um das Produkt einzustimmen. Im Idealfall wird der zufriedene Kunde zum Markenbotschafter und teilt seine positiven Erfahrungen innerhalb seines Netzwerkes oder auf Bewertungsplattformen. Er äußerst sich netzwerk-öffentlich positiv zum Produkt und der Marke. Er zeigt, dass er sich sicher ist, die richtige Entscheidung getroffen zu haben, und regt somit andere an, sich gleich zu entscheiden. Vielleicht zeigt er sich sogar offen für weitere Produkte des Unternehmens. Die After-Sales-Phase hat sich somit aus Sicht der Unternehmenskommunikation über die Kundenbindung hinaus zu einer Fürsprache-Phase entwickelt, die im Vergleich zu herkömmlichen analogen Kanälen der digitalen Mundpropaganda (electronic Word-of-Mouth eWOM) eine noch größere Rolle und Reichweite gibt und damit einen sich selbst verstärkenden Customer-Journey-Kreislauf erlaubt. Tab. 6.1 fasst die wichtigsten Kennzahlen zusammen, die für die Beobachtung der Fürsprache-Phase der Customer Journey in den sozialen Medien eingesetzt werden können.

---

[1] Besonders die englischsprachige Literatur spricht mit Bezug auf die Kundenbindung in den sozialen Medien auch häufig von Loyalität (Loyalty).

Tab. 6.1 Fürsprache Kennzahlen

# aktive Markenbotschafter	Wie viele Markenbotschafter sprechen regelmäßig über die Marke?
# Posts über die Marke von Markenbotschaftern	Wie viele Posts publizieren die aktiven Markenbotschafter über das Unternehmen, die Marke oder die einzelnen Produkte?
Engagement-Rate auf den Marken-Kanälen	Wie entwickelt sich die Engagement-Rate auf den der Marke oder dem Produkt gewidmeten Kanälen?
Zuwachs Online-Bewertungen und Empfehlungen[2]	Wie entwickelt sich die Zahl der Online-Bewertungen und Empfehlungen?
Bewertungswert auf den einschlägigen Bewertungsplattformen Sentiment-Score Online-Empfehlungen	Wie entwickelt sich der durchschnittliche Bewertungswert und das in den Empfehlungen ausgedrückte Sentiment?
Verhältnis Online-Mentions zu Online-Bewertungen und Empfehlungen	Wie entwickelt sich das Verhältnis von Mentions zu Bewertungen und Empfehlungen, d. h. wie viele Nutzer, die über das Unternehmen kommunizieren, sind auch bereit die Produkte zu bewerten oder zu empfehlen?
Häufigste Inhalte (positiv wie negativ) in den Empfehlungen	Aus einer qualitativen Sicht: Welche Aspekte werden in den Empfehlungen am häufigsten erwähnt, positiv wie negativ?
# und Inhalt von Empfehlungen in Form von User Generated Content (UCG)	Gibt es User Generated Content, der die Marke und/oder das Produkt bespricht? Nimmt der UGC zu und welche Inhalte werden dort vor allem angesprochen?

Zur Beurteilung der Fürsprachekraft einzelner Nutzer bzw. potentieller Influencer wird zumeist als erstes die potentielle Reichweite (Summe der Follower, Fans und Abonnenten) des Nutzers in Betracht gezogen. Die potentielle Reichweite wird in diesem Zusammenhang auch Social Impact Score oder Advocate Influence genannt. Wichtig hierbei ist zu beachten, dass es sich um die potentielle Reichweite handelt. Ob diese Reichweite auch erzielt wird, hängt nicht zuletzt vom Engagement der Follower, Fans und Abonnenten des Influencers

---

[2] Bewertungen und Empfehlungen sind unterschiedliche Formen der Meinungsäußerung der Kunden. Bewertungen (Scores) geben auf einer vorgegebenen Skala die subjektiv wahrgenommene Produktqualität an, ohne diese zu begründen. Demgegenüber beschreiben Empfehlungen (Reviews) die subjektiv wahrgenommene Produktqualität in Form eines Fließtexts.

ab. Daher muss zur Beurteilung des Einflusses auch immer das Engagement in der Community des Influencers betrachtet werden. Ohne einen Blick auf die Engagement-Rate ist die potentielle Reichweite als Kennzahl für die Fürsprachekraft gefährlich, da sie unter Umständen nicht organisch zustande gekommen ist, d. h. erkauft wurde, und eine inaktive Community aufgrund der Algorithmen der sozialen Plattformen nur in sehr geringem Maße zur Reichweiten-Steigerung beiträgt, trotz einer hohen potentiellen Reichweite. Betreibt der Influencer einen eigenen Blog, so können weitere Kennzahlen herangezogen werden, wie bspw. die durchschnittliche Verweildauer, die Bounce Rate, die Anzahl und die Wachstumsrate der Wiederkehrer sowie die Wachstumsrate der aktiven Nutzer. Veröffentlicht der Influencer Videos sollten auch die gängigen Kennzahlen zur Beurteilung von multimedialen Inhalten in die Beurteilung einfließen, wie bspw. die View-Through-Rate.

Optimierung

7

> Durch einzelne Erweiterungen und Auswertungen des für das Moni-
> toring aufgebauten Kennzahlensystems können gezielt Schwachstel-
> len und Verbesserungspotentiale der einzelnen Touchpoints entlang
> der Customer Journey identifiziert werden. Neben dem Einsatz zur
> kontinuierlichen Steigerung des Engagements, zur Wettbewerbsbeob-
> achtung und zur Kampagnensteuerung, empfiehlt es sich, das Kenn-
> zahlensystem auch zur Sentiment-Analyse und als Frühwarnsystem
> für potentielle Kommunikationskrisen einzusetzen.

Nachdem die Touchpoints identifiziert sind und aus der Vielzahl der möglichen
Kennzahlen für das Monitoring die zu den Zielen und Möglichkeiten des Unternehmens passenden ausgewählt wurden, um die Performance dieser Touchpoints
entlang der Customer Journey zu beobachten, kann nun gezielt nach Optimie-
rungspotentialen, nach Schwachstellen und Best Practice Beispielen geschaut
und die Ausspielung von werblichen Kampagnen mit den erhobenen Kennzahlen
gesteuert werden.

Schon allein ein internes Benchmarking entlang der ausgewählten Kennzahlen wird offenlegen, was bei den potentiellen Kunden entlang der einzelnen
Berührungspunkte ihrer individuellen Kundenreise wie gut ankommt. Wenn möglich sollten die eigenen Kennzahlen auch mit externen Benchmarks der direkten
Wettbewerber oder der Branche verglichen werden. Neben der Optimierung der
einzelnen Touchpoints sollte auch gezielt nach Konversionsbrüchen (conversion
gaps) geschaut werden, bei denen der Kunde auf seiner Customer Journey den
Kontakt zum Unternehmen verliert. Hierfür sollten die Verantwortlichen für
die Kommunikation in den sozialen Medien auch Zugriff auf die verbundenen
Kommunikationskanäle, insbesondere die Unternehmenswebsite und den eigenen

© Der/die Autor(en), exklusiv lizenziert durch Springer Fachmedien
Wiesbaden GmbH, ein Teil von Springer Nature 2021
G. Hopf, *Social-Media-Kommunikation entlang der Customer Journey*, essentials,
https://doi.org/10.1007/978-3-658-34891-5_7

Online-Shop haben. Die Auswertung der Performance der Landing-Pages ist für die Optimierung der Customer Journey essentiell.

Die folgenden Unterkapitel stellen fünf der wichtigsten Handlungsfelder für die kontinuierliche Optimierung der Berührungspunkte der sozialen Medien in der Customer Journey vor.

7.1 Aufmerksamkeit- und Engagement-Optimierung

Die angebotenen Inhalte an die Interessen der Nutzer anzupassen und damit die Aufmerksamkeit und das resultierende Engagement der Nutzer so weit als möglich zu steigern, ist die alltägliche Herausforderung der Unternehmenskommunikation in den sozialen Medien. Betrachtet man die Bewegungen der gängigen Reichweiten- und Engagement-Messzahlen über die Zeit hinweg und insbesondere im Vergleich zu Kennzahlen der Wettbewerber, erhält man schon eine sehr gute Grundlage für die Beurteilung der Wirkungsstärke der eigenen Inhalte. Durch einen Vergleich der Engagement-Metriken mit ihren Durchschnittswerten können Inhalte einfach sichtbar gemacht werden, die auf über- bzw. unterdurchschnittliches Interesse stoßen.

Um allerdings herauszufinden, wodurch das verhältnismäßig starke oder schwache Interesse ausgelöst wurde, bedarf es eines tiefergehenden Blicks, der offenlegt ob, es am Thema selbst, an der Aufbereitung, der Verbreitung oder an externen Faktoren lag. Legt man die Inhalte, die auf die meiste Aufmerksamkeit gestoßen sind, neben die Inhalte, die die geringste Aufmerksamkeit erfahren haben, werden die ausschlaggebenden Unterschiede in Thema und Aufbereitung auf einfache Weise gut sichtbar.

Will man nicht nur Aufmerksamkeit, sondern auch Interaktion und ggf. Amplifikation betrachten, lohnt sich als erstes einen Blick auf den Anteil einzelner Themen oder bestimmter Arten der Aufbereitung, bspw. Bild und Text versus Video, an den insgesamt erzielten Interaktionen der Nutzer zu werfen. Damit lässt sich leicht erkennen, welche Form der Aufbereitung oder welches Thema am ehesten zu einer Aktivierung der Nutzer führt.

Anteil am Engagement

$$= \frac{\# \, Interaktionen \, (u.\,U.\, gewichtet \, nach \, Wertigkeit) \, einer \, bestimmten \, Art \, oder \, Form \, des \, Inhalts}{\# \, Interaktionen \, (u.\,U.\, gewichtet \, nach \, Wertigkeit) \, im \, selben \, Zeitraum \, und \, Social-Media \, Kanal}$$

Setzt man die Engagement-Werte zweier Inhalte, Themen oder Kategorien ins Verhältnis zueinander, erhält man den Relative Pull. Dies kann man mit jeder

der Engagement-Kennzahlen machen, um einen Vergleich über die relative Wirkungsstärke bzw. Aktivierungsstärke der verglichenen Inhalte, Themen oder Kategorien in der Community zu erhalten. Ein Vergleich der Amplifikations- oder Engagement-Rate mittels der Relative-Pull-Kennzahl entlang der unterschiedlichen Touchpoints kann ebenso aufschlussreich sein, weil unterschiedliche Berührungspunkte entlang der Customer Journey bei einzelnen Themen unterschiedliche Aktivierungsgrade aufweisen können.

$$Relative\ Pull\ (\%) = \frac{Engagement\ Rate\ 1}{Engagement\ Rate\ 2} \times 100$$

Bei Touchpoints auf dem Weg zum Kaufabschluss, lohnt ein Vergleich der Click-Through-Rate mit der final erzielten Konversionsrate. Ein starker Abfall zwischen CTR und Konversionsrate deutet daraufhin, dass die mit dem auf den sozialen Medien ausgespielten Inhalt verbundenen Erwartungen nur mangelhaft oder nicht erfüllt wurden. Bei einer Betrachtung allein der Click-Through-Raten oder der Konversionen würde dieses Zusammenspiel aus den Inhalten in den sozialen Medien und den fortführenden Kanälen unerkannt bleiben.

Eine Auswertung der zeitlichen Aspekte, wann der Inhalt veröffentlicht (Post-Zeitraum) und wann darauf reagiert (Engagement-Zeitraum) wurde, erlaubt herauszufinden, wann die einzelnen Touchpoints das höchste Engagement, sowohl in absoluter Zahl als auch im Verhältnis zur potentiellen und zur Netto-Reichweite, erreichen und somit, ob bestimmte Zeiten für die Publikation von Inhalten bevorzugt werden. Wenn möglich sollte man ebenso die durchschnittliche Reaktionszeit (Response Time) vergleichen, d. h. die Zeit, die vergeht bis auf die jeweiligen Inhalte durch die Nutzer reagiert wird. Die Beobachtung der Veröffentlichungszeitpunkte und der Interaktionen über das Gesamtjahr hinweg erlaubt eine saisonale Auswertung, die darüber Aufschluss geben kann, ob es bestimmte Zeiten im Jahr gibt, bspw. Feste, Jahreszeiten etc., an denen einzelne Themen besonders auf Interesse stoßen. Für alle zeitlichen Auswertungen bieten sich grafische Aufbereitungen an, die die Besonderheiten zumeist sehr leicht erkennbar machen.

Ein visueller Vergleich unterschiedlicher Keywords, unter Umständen auch aufgeschlüsselt nach den einzelnen sozialen Medien-Kanälen, kann sehr hilfreich sein, um zu erkennen, welche Begriffe in welchen Kanälen wann am häufigsten eingesetzt werden und wie stark die Nutzer reagieren. So kann man Saisonalitäten, sich verändernde Vorlieben oder Trends erkennen, um die eigenen Inhalte entsprechend anzupassen. Durch eine aktive Beobachtung der Themenentwicklung im eigenen Publikum aber auch in den Konversationen der Wettbewerber lässt

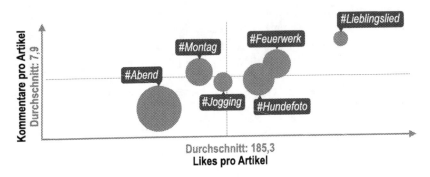

Abb. 7.1 Visuelle Hashtag Analyse

sich die redaktionelle Planung für die einzelnen Touchpoints und die damit verbundene Ressourcenplanung mit Blick auf sich entwickelnde thematische Trends
und sich anbietende Kommunikationsanlässe verbessern. Im besten Fall kann
sich das Unternehmen durch eine kundenorientierte Planung und Ausspielung der
Inhalte als eine verlässliche und ggf. auch unterhaltsame Quelle zu den relevanten Themen entlang des Entscheidungsprozesses der Kunden etablieren („thought
leader", „trusted source").[1] Diese Art der Auswertungen dienen aber auch als
Frühwarnsystem für die Krisenkommunikation, indem sie die Veränderung von
Begrifflichkeiten rund um die Marke, das Unternehmen oder die Produkte leicht
verständlich aufzeigen.

Abb. 7.1 zeigt beispielhaft eine visuelle Aufbereitung der Häufigkeit aus-
gewählter Hashtags dargestellt durch die Kreisgröße und in Bezug gesetzt zur
Anzahl der Kommentare und der Likes pro Artikel (Ahrholdt et al. 2019, S. 79).
Zudem werden Orientierungslinien für den Durchschnitt oder Median der Anzahl
an Kommentaren und Likes in der Grafik eingezeichnet, sodass man erkennen kann, welcher Hashtag überdurchschnittliche Interaktionsraten erreicht hat
und welcher die stärkste Verwendung. Im Beispiel wird deutlich, dass Hashtag #Feierabend zwar viel Erwähnung findet aber nur eine unterdurchschnittliche

---

[1] Mit zunehmender Gewichtung der Qualitätseinstufung der Quelle innerhalb des jeweiligen
Publikums durch die Algorithmen der sozialen Plattformen wird eine Einstufung als vertrauensvolle Quelle für die organische Reichweite in den kommenden Jahren wahrscheinlich noch
an Wichtigkeit hinzugewinnen.

Interaktionsrate aufweist, wohingegen #Lieblingslied ein außerordentlich starkes Engagement aufweisen kann.[2]

Diese Form der Hashtag-Beobachtung kann auch zur Optimierung einer laufenden Kommunikationskampagne oder zu deren abschließender Evaluation eingesetzt werden, indem die Kampagne aktiv zur Nutzung eines originären Hashtags aufruft und damit erlaubt, durch eine einfache Auswertung der Hashtag-Verbreitung zumindest den Teil der organisch erzielten Reichweite (earned media) genau zu bestimmen, der den Hashtag erwähnt hat.

Neben der Frage welche Themen generell beim Publikum auf Interesse stoßen, ist eine Betrachtung nach einzelnen Zielgruppen ebenfalls potentiell sehr aufschlussreich. Hierbei werden beispielsweise die Interaktionsarten nach Altersgruppe, Geschlecht und Geographie gesondert ausgewertet.

7.2 Kampagnensteuerung

Wenn Inhalte werblich unterstützt werden sollen, gilt es auch die Ausspielung der Inhalte der Kampagne zu steuern und damit das Werbebudget optimal einzusetzen. Vorbereitend bieten sich prädiktive A/B-Tests (split test) an, die die Inhalte vor der Ausspielung an die Gesamtpopulation in kleineren Stichproben aber unter normalen Bedingungen testen, um eine Aufbereitung für die bestmögliche Resonanz durch die Zielgruppe vorab sicherzustellen.[3]

Die Auswahl der Kennzahlen für die Steuerung einer laufenden Kommunikationskampagne wird sehr stark von den Zielen der jeweiligen Kampagne abhängen.

---

[2] Eine häufig verwendete alternative visuelle Darstellung fasst die Keywords oder Hashtags in Wortwolken (wordcloud) zusammen, bei denen die relative Wortgröße der dargestellten Schlagworte einen Ausdruck über die Häufigkeit ihrer Verwendung gibt. Bei anspruchsvollen Auswertungen drücken die Wortwolken zusätzlich auch die semantische Nähe aus, d. h. in welchen inhaltlichen Verbindungen die Worte häufig auftauchen, indem ähnliche Farben oder gruppierte Platzierungen genutzt werden. Wortwolken erlauben eine intuitiv verständliche Umfeldanalyse. Es wird sofort deutlich, mit welchen Begriffen über das Unternehmen, die Marke oder das Produkt gesprochen wird.

[3] Hat man die Möglichkeit, soziale Medieninhalte in einem Laborumfeld mittels Eye-Tracking zu testen, so können Inhalte zusätzlich auch nach der Anzahl der Fixationspunkte pro Minute, der Zeit bis zur ersten Fixation des Auges (Time to First Fixation) und der Fixationsdauer (Fixation Duration) verglichen und die grafischen und textlichen Bestandteile entsprechend der Reaktionen der Nutzer optimiert werden. Fortgeschrittene Messverfahren aus dem Fachgebiet des Biofeedbacks erlauben auch, das emotionale Engagement einzustufen, zum Beispiel mittels der Messung der (psycho-)galvanischen Hautreaktion (galvanic skin response, GSR). Inhalte können nach der Anzahl der GSR-Spitzen oder der Dauer der GSR-Spitzen eingestuft werden.

Da in den digitalen Medien eine Kampagnensteuerung beinahe in Echtzeit möglich ist, haben sich aber einige grundsätzliche Kennzahlen etabliert, die durch spezifische Kampagnen-KPIs ergänzt werden können.

Traditionell wird auch noch in den digitalen Medien der Tausenderkontaktpreis (TKP oder Cost-per-Mille CPM) in der Planung und Steuerung von Kommunikationskampagnen eingesetzt. Da aber in den digitalen Medien nicht nur die erzielte Reichweite, sondern auch die Wirkung der Kommunikation in Echtzeit gemessen werden kann, bieten sich als zentrale Messzahl die Kosten pro Resultat (Cost per Result, CPR) und nicht pro ein Tausend Kontakten an. Das Resultat wird hierbei vor der Ausspielung des Kommunikationsinhalts bei der Buchung mit der Werbeplattform, bspw. Facebook, festgelegt. Das Resultat kann ein Klick sein oder auch ein Download, ein Besuch der Website oder das Hinzufügen von Gütern zum Warenkorb auf der verbundenen Website oder auch nur die Wahrnehmung des Werbeinhalts.

Fällt der CPR-Wert, so ist dies ein Zeichen dafür, dass die Kampagne an Effizienz gewinnt. Steigt der Wert an, verliert die Kampagne an Wirkung.

$$Cost\ per\ Result\ (CPR)\ (\text{€}) = \frac{Werbeausgaben\ (\text{€})}{\#\ erzielte\ Resultate}$$

Um die Gründe hinter den Schwankungen des CPR-Werts weiter zu verstehen, bietet zum Beispiel Facebook einen Relevanz-Score an, den die Plattform mittels eines eigenen Algorithmus schätzt und der auf einer Skala von eins bis zehn zeigen soll, wie genau die Kampagne die vorher festgelegte Zielgruppe trifft. Ein steigender Relevance Score sollte zu einem fallenden CPR-Wert führen. Steigen der Relevance Score sowie der CPR-Wert, wird die Zielgruppe zwar erreicht, aber das Werbemittel scheint nur eine schwache oder keine Wirkung zu haben.

Ebenso sollte die Kontakthäufigkeit betrachtet werden, d. h. die Häufigkeit mit der das Werbemittel dem selben Nutzer gezeigt wird. Eine steigende Kontakthäufigkeit sollte zunächst auch zu mehr Resultaten und daher einem fallenden CPR-Wert führen. Sobald aber bei weiter steigender Kontakthäufigkeit und zumindest nicht fallendem Relevance Score die Kosten pro Resultat zu steigen beginnen, muss dies als ein deutliches Zeichen verstanden werden, dass das Werbemittel in der Zielgruppe abgespielt ist, d. h. in der Zielgruppe eine gewisse Werbemüdigkeit (Ad-Fatigue) gegenüber diesem Teil der Kampagne eingesetzt hat.

Aus dem Zusammenspiel aus CPR, Relevance Score und Kontakthäufigkeit lassen sich einzelne Werbemittel und die sich daraus zusammensetzende Kampagne grundsätzlich sehr gut steuern.

Will man einen sehr engen Abgleich mit den erzielten Verkaufszahlen optimieren, lohnt sich ein Blick auf den eCPM-Wert (effective Cost-Per-Thousand), der allerdings voraussetzt, dass das Unternehmen in der Lage ist, erzielte Umsätze bestimmten Kommunikationsaktivitäten zuzuordnen.

$$Effective\ Cost\text{-}Per\text{-}Thousand\ (eCPM)\ (\text{€})$$
$$= \frac{Erzielte\ und\ zuordenbare\ Umsätze\ (\text{€})}{Kosten\ pro\ 1000\ Impressions\ oder\ Views\ (\text{€})}$$

Die großen sozialen Plattformen arbeiten bereits daran die Kampagnensteuerung weiter zu automatisieren. So bietet Facebook seit Oktober 2018 an, nach einer vom werbetreibenden Unternehmen gesetzten Mindesthöhe für den Return On Advertising Spend (ROAS) die Kampagnen über den Facebook-eignen Bidding-Prozess selbständig so auszusteuern, dass dieser Mindestwert nicht unterschritten wird (Minimum ROAS Bidding, Facebook 2018). Voraussetzung ist die Einbindung eines Facebook-Pixels und die (automatisierte) Rückmeldung der erzielten Umsätze.

$$Return\ on\ Adcertising\ Spend\ (\%)$$
$$= \frac{(erzielter\ Umsatz\text{-}zuordenbare\ Betriebsausgaben)\ (\text{€})}{Werbeausgaben\ (\text{€})} \times 100$$

Die Berechnung des ROAS setzt voraus, dass die Umsatzzahlen den einzelnen Werbemitteln oder der Kampagne genau zugeordnet und pro verkaufter Einheit die Marge oder der Deckungsbeitrag bestimmt werden kann. Dies fällt ohne einen hohen Grad der Datenintegration schwer oder kann nur schätzungsweise erfolgen.

7.3 Sentiment

Die Qualität der Erfahrung der Kunden mit den angebotenen Inhalten der einzelnen Touchpoints kann am besten durch eine Sentiment-Analyse beurteilt werden. Eine Sentiment-Analyse untersucht die Meinungen, Einstellungen und Gefühle, die Personen in Texten und vermehrt auch in Verbindung mit bildlichen Informationen wie Emojis oder Fotos zum Ausdruck bringen.[4] Im Rahmen

---

[4] In der Literatur wird Sentiment Analyse auch teilweise als Opinion Mining bezeichnet, teilweise wird zwischen Opinion und Sentiment unterschieden. Dieses Unterkapitel fasst alle

einer Sentiment-Analyse werden Texte bzw. Textbestandteile mit Meinungsäußerungen identifiziert, die dort vorgetragene Tonalität in ihrer ausgedrückten
Richtung (Polarität) bewertet und wenn möglich die jeweilige Stärke der Tonalität
klassifiziert.

Zumeist wird anhand eines vorher validierten Lexikons die Tonalität der
gefundenen Texte mittels ihrer verwendeten Worte, die im Lexikon mit einer
bestimmten Tonalität hinterlegt sind, als entweder positiv, neutral oder negativ
identifiziert und wenn möglich auch die Stärke der Tonalität des Textes anhand
der Stärke und Häufigkeit der verwendeten Begriffe auf einer Skala klassifiziert.[5]
Durch die Gegenüberstellung der Anzahl der Texte mit überwiegend positivem
und der Texte mit überwiegend negativem Sentiment ergibt sich eine einfache
Kennzahl.

$$Sentiment\ Ratio\,(\%)$$
$$= \frac{\#\,Texte\ mit\ überwiegend\ positivem\ Sentiment}{\#\,Texte\ mit\ überwiegend\ negativem\ Sentiment} \times 100$$

Ein Vergleich der relativen Anteile der Texte mit positivem, neutralem oder
negativem Sentiment über die Zeit hinweg inklusive der sich ergebenden Sentiment Ratio und der durchschnittlichen Schwankungen der Sentiment Ratio wie
in Abb. 7.2 erlaubt einen leicht zugänglichen Weg, die Tonalität rund um das
Unternehmen, der Marke und seiner Produkte zu verfolgen (Ahrholdt et al. 2019,
S. 77).

Die Erhebung der Sentiment Ratio ist allerdings sehr aufwendig und bei einem
hohen Kommunikationsvolumen ohne technische Hilfsmittel nicht mehr umsetz-
bar. Viele Monitoring Firmen bieten daher die Ermittlung des Sentiments als
zusätzliche Dienstleistung an.[6]

Disziplinen der Tonalitäts-, Gefühls- und Meinungsermittlung durch die Analyse von Texten
und bildlichen Informationen unter Sentiment-Analyse zusammen.

[5] Alternative Methoden setzen maschinelles Lernen oder einen regelbasierten Ansatz, zum
Teil in Verbindung mit einem Lexikon, ein. Ein Lexikon-basierter Ansatz geht immer von
der Annahme aus, dass die tonale Polarität eines Textes die Summe aus der Polarität seiner
einzelnen Wort-Bestandteile ist. Der Ansatz des maschinellen Lernens nutzt hingegen einen
Trainings-Datensatz aus Texten, deren Polarität bereits valide kodiert wurde, und lässt das
Programm anhand dieses Trainings-Datensatzes seine eigenen Sentiment-Regeln bzw. Algorithmen zur Ermittlung der Tonalität neuer, noch nicht kodierter Texte festlegen. Die Tonalität
einzelner Textbestandteile mag hierbei allerdings nur ein mögliches Kriterium sein, das der
Algorithmus aufgreift.

[6] Mit großen Datensätzen und entsprechend anspruchsvollen Auswertungsmethoden ist es
allenfalls sogar möglich nicht nur die Tonalität als positiv, neutral oder negativ zu deuten,

Sentiment Score
Täglicher Durchschnitt: 72,4   Fluktuation: +/- 2,7%

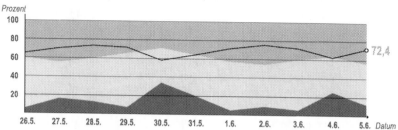

Abb. 7.2 Sentiment Analyse

Eine Sentiment-Analyse sollte nie losgelöst betrachtet werden. Um konkrete Handlungsbedarfe für die eigene Kommunikation abzuleiten, müssen die hinter den Meinungsäußerungen stehenden Themen und der Kontext der Meinungsäußerung berücksichtigt werden. Dann kann allerdings eine Sentiment-Analyse der sozialen Medien entlang der einzelnen Touchpoints der Customer Journey eine sehr gute und äußerst informative Ergänzung zu den klassischen Marktforschungsmethoden zur Ermittlung der Kundenzufriedenheit sein.

7.4   Krisenkommunikation

Um sich möglicherweise entwickelnde Kommunikationskrisen frühzeitig zu erkennen und im besten Fall zu entschärfen, müssen auch die einzelnen Berührungspunkte der Customer Journey in den sozialen Medien in ein Frühwarnsystem verbunden werden. Im besten Fall können aufkommende kritische Situationen dahin gehend umgeleitet werden, dass das Unternehmen durch die Reaktion auf die Kritik oder das Problem sogar an Reputation gewinnt, indem es seine Handlungsfähigkeit unter Beweis stellt, seine Kundennähe und fachliche Kompetenz demonstriert oder die Kritik nutzt, um das eigene Produkt weiter zu verbessern. Hierfür ist ein fortwährendes Monitoring in Echtzeit notwendig.

---

sondern auch die ausgedrückte Emotion zu identifizieren (Emotion Detection), bspw. Wut, Freude oder Enttäuschung. Besonders für die Markenführung aber auch für die Beurteilung der unterschiedlichen Phasen der Customer Journey wäre die Kenntnis über die beim Kunden ausgelöste Emotion potentiell sehr aufschlussreich.

Einige Standard-Kennzahlen können als Signale eingesetzt werden. Zumeist wird deren Entwicklung über die Zeit hinweg visuell dargestellt. Augenscheinlich erkennbare plötzliche Anstiege können als Indikator für eine sich potentiell anbahnende Krisensituation gedeutet werden. Unternehmen können aber auch konkrete Schwellenwerte festlegen, ab denen ein Warnsignal ausgelöst werden soll. Dies setzt allerdings ein kontinuierliches, methodisch stabiles und idealerweise automatisiertes Monitoring des normalen Beitragsaufkommens voraus.

Ein frühes Signal ist ein plötzlicher Anstieg des Social Media Buzz (Mentions) über die üblichen Schwankungen hinaus. Den Schwellenwert kann man erfahrungsbasiert setzen oder indem man einfache statistische Methoden zur Berechnung der üblichen Schwankungen um den Mittelwert einsetzt und diese üblichen Schwankungen, bspw. in Form einer Standardabweichung, zum Mittelwert des Social Media Buzz der letzten 12 Monate hinzurechnet, um den Schwellenwert festzusetzen. Das gleiche Vorgehen macht aus einer bloßen Betrachtung der Talk-About-Kennzahl ein Frühwarnsignal für mögliche Krisensituationen, indem es anzeigt, wenn die Aufmerksamkeit für das Unternehmen plötzlich stark ansteigt.

Da diese Kennzahlen auch anschlagen können, wenn das genaue Gegenteil einer Krise vorliegt, d. h. ein wirklich erfolgreicher Inhalt, der auf eine überdurchschnittliche, positive Resonanz im Netzwerk trifft, kommt der Betrachtung des Sentiments eine entscheidende Rolle zu. Erst im Abgleich mit der Tonalität der Beiträge kann daher ermittelt werden, ob die Ausschläge wirklich auf eine Krisensituation zurückzuführen sind.

Gehen diese Kennzahlen deutlich über die normalen Schwankungen hinaus, kann davon ausgegangen werden, dass es bereits zu einer beträchtlichen Anzahl von Beiträgen, Blogartikeln, Tweets, User Generated Content und anderer Formen der Meinungsäußerung in den sozialen Medien gekommen ist. Wenn sich gleichzeitig zur Überschreitung der gesetzten Schwellenwerte das Sentiment verschlechtert, ist dies ein sehr deutliches Signal für den Zeitpunkt einer akut drohenden (‚Inflection Point') oder unter Umständen bereits aktiven Kommunikationskrise.

Ein quantitatives Monitoring zur Unterstützung der Früherkennung von potentiellen Krisenkommunikationen sollte vervollständigt werden durch eine kontinuierliche qualitative Analyse der Community. Das Community-Management sollte kontinuierlich beobachten, welche Themen kritisch besprochen werden, welche Argumente eingesetzt werden, wer die häufigsten Kritiker sind und welche Ziele sie mit ihrer Kritik verfolgen. Welche Autorität haben die Kritiker in den Zielgruppen? Von wem erhalten die Kritiker den meisten Zuspruch in Form von Likes, Shares oder Kommentaren? Wie groß sind die einzelnen Zielgruppen bzw.

Mikroöffentlichkeiten, d. h. wo wird mit welcher Reichweite und Relevanz diskutiert? Wie hoch ist die potentielle Ansteckungsgefahr durch Multiplikatoren oder Influencer in den einzelnen Mikroöffentlichkeiten? Hierbei können im besten Fall auch potentielle Fürsprecher identifiziert werden, die in einer Krisensituation unter Umständen auch für das Unternehmen kommunikativ einstehen würden. Zu diesen Brand Advocates, aber auch zu den ernstzunehmenden Kritikern, sollte das Community-Management versuchen, eine Beziehung aufzubauen.

Abschließend muss besonders im Rahmen der Krisenprävention auf das Problem der zunehmend nicht-öffentlichen Kommunikation in den sozialen Medien in Form von Dark Groups oder Messenger-Diensten hingewiesen werden. Im besten Fall ist das Community-Management so gut mit den sich öffentlich äußernden Kritikern bekannt, dass diese bei aufkommender Kritik in geschlossenen Foren, in denen sie aber nicht das Unternehmen beteiligt sind, die Community-Manager informieren. Dies ist häufig die einzige Möglichkeit frühzeitig von einer sich in geschlossenen Gruppen aufbauenden Krisensituation zu erfahren. Daher ist es oft gar nicht im Sinne eines guten Community-Managements, Kritik aus der Community fernzuhalten oder Kritiker von dem Gegenteil ihrer Meinung überzeugen zu wollen, sondern viel mehr mit den Kritikern wenn möglich eine vertrauensvolle Beziehung aufzubauen, auch wenn man nicht einer Meinung ist.

7.5 Wettbewerb

Zentraler und meist sehr informativer Bestandteil jeder Optimierungsanstrengung ist die Beobachtung der Aktivitäten der Wettbewerber und der durch deren Inhalte entlang der einzelnen Touchpoints der Customer Journey in den sozialen Medien ausgelösten Resonanz. Alle Aspekte, die das Unternehmen für den Erfolg seiner eigenen Kommunikation als wichtig erachtet, sollten auch mit Blick auf den Wettbewerb beobachtet werden. Die vorausgehenden Kapitel haben daher bereits wiederholt auf die Notwendigkeit der Auswertung der dort aufgeführten Kennzahlen auch für das wettbewerbliche Umfeld hingewiesen. Zunächst sollte festgelegt werden, ob die Betrachtung des engeren Wettbewerbsumfeldes ausreicht (competitive benchmarking), oder ob man zusätzlich über die direkten Wettbewerber hinaus und sogar über die eigene Branche hinaus Best-Practice-Kennzahlen als erstrebenswerte Ziele und Vorbilder (aspirational benchmarking) ermitteln möchte und dies auch technisch wie personell umsetzen kann. Nachdem der Kreis der in die Beobachtung einbezogenen Unternehmen festgelegt wurde, erfolgt die Wettbewerbsanalyse zunächst aus einer quantitativen Sicht. Ihre volle Aussagekraft erhält sie allerdings erst durch Berücksichtigung qualitativer Attribute.

Durch die quantitative Wettbewerbsanalyse will das Unternehmen herausfinden, welche wesentlichen Unterschiede es in der Kommunikation zu den wichtigsten Wettbewerbern bzw. den Best-Practice-Beispielen gibt. Normalerweise wird die Häufigkeit der Posts (Frequency), die potentielle Reichweite und wenn verfügbar die letztendlich erzielte Reichweite verglichen. Ebenso werden das erzielte Engagement nach Zeitpunkt und Art des Inhalts, die Amplification-Rate und das Sentiment beobachtet.

Um eine Vergleichbarkeit herzustellen ergibt sich bei der quantitativen Wettbewerbsanalyse häufig das Problem, dass die wichtigen Kennzahlen normalisiert werden müssen. Um für Unterschiede in der potentiellen Reichweite und der Häufigkeit der Publikationen zu normalisieren, müssen die Kennzahlen jeweils durch die Größe des Publikums bzw. durch die Anzahl der veröffentlichten Beitrage geteilt werden, sodass sich in der Auswertung nicht allein die Anzahl der Fans oder Follower beziehungsweise die Häufigkeit der Posts niederschlägt.

Die Berücksichtigung unterschiedlicher Werbegelder fällt deutlich schwieriger aus und ist ohne externe Hilfe kaum machbar, da diese Zahlen ohne proprietäres Wissen nur indirekt geschätzt werden können. Eine sogenannte Boosted Post Analysis oder Promoted Post Detection betrachtet die gleitenden Durchschnittswerte der ausgewählten Kennzahl und deutet einen starken plötzlichen Anstieg als Indikation dafür, dass die zum Zeitpunkt des überdurchschnittlichen Anstiegs eingesetzten Kommunikationsinhalte auch überdurchschnittlich mit werblichen Geldern unterstützt wurden. Einige Anbieter von Social Media Monitoring Software bieten eigene Auswertungen an, die auf proprietären Algorithmen basieren, die mittels ihres Zugriffs auf eine sehr große Datenmenge ermitteln können, welche Posts mit hoher Wahrscheinlichkeit mit Werbegeldern unterstützt wurden. Wenn auch eine exakte Normalisierung mit diesen Werten nicht möglich ist, so kann doch sichergestellt werden, dass die eigenen werblich unterstützten Beiträge nur mit den werblich unterstützten Beiträgen des Wettbewerbers verglichen werden und organische Beiträge nur mit organischen. Damit kann zumindest die Wirkung des eingesetzten Werbegeldes etwas besser verglichen und beurteilt werden und gleichzeitig die Wirkung und Qualität der eigenen Inhalte eingeschätzt werden, ohne dass die Betrachtungen durch werbliche Unterstützung verfälscht werden. Etwas leichter, aber auch hilfreich, ist zu beobachten, ob der Wettbewerber Content Discovery Tools einsetzt, um die Reichweite des Inhalts weiter zu unterstützen.

Die qualitative Wettbewerbsanalyse setzt auf der quantitativen auf, will aber nicht nur die erreichten Kennzahlen vergleichen, sondern die Gründe für möglicherweise auftretende Unterschiede herausarbeiten. Zunächst sollte wieder darauf geachtet werden, organische und werblich-unterstützte Inhalte getrennt zu betrachten, sodass Erfolg oder Misserfolg bestimmter Inhalte nicht fälschlicherweise bestimmten Content-Attributen zugerechnet werden, wenn sie unter Umständen nur auf die werbliche Unterstützung zurückzuführen sind.

Als erster Schritt einer qualitativen Wettbewerbsanalyse wird zumeist ein Post-Type-Vergleich vorgenommen, der zusammenstellt, welche Beitragsarten (Text, Foto, Infografik, Video, Foto-Karussell, Story, Podcast, White Paper etc.) wie oft eingesetzt werden und welche Reichweiten mit welchen Reaktionen die unterschiedlichen Inhalte in Relation zur potentiellen Reichweite erzielen. In diesem Zusammenhang ist es oftmals sehr aufschlussreich zu betrachten, ob die Wettbewerber Curated Posts nutzen, d. h. Posts Dritter weiter in der Community teilen. Ordnet man die Inhalte in einer Rangliste entlang dieser Kennzahlen, kann man zumeist sehr leicht Vorlieben für bestimmte Inhaltsarten innerhalb der Community erkennen. Darüber hinaus werden nun durch eine Betrachtung der textlichen und insbesondere der visuellen Attribute herausragende Muster deutlich (Visual Content Analysis). Dies kann noch unterstützt werden, indem man die Posts mit den höchsten Engagement-Raten oder Diskussionsreichweiten den Posts mit den niedrigsten Werten pro Kanal gegenüberstellt.

Neben der Betrachtung des Beitragsart (Post-Typ) lohnt es sich auch die Zeiten zu studieren, an denen die Wettbewerber posten und welches Engagement bzw. welche Amplifikation sie zu unterschiedlichen Zeitpunkten erhalten. Zumeist gibt es in einer Community Vorlieben für bestimmte Uhrzeiten und auch Wochentage, an denen die Aktivität der Nutzer höher ist als zu anderen Zeiten. Insbesondere weil die Algorithmen der Plattformen das Engagement direkt nach der Veröffentlichung als ein Attribut in ihre Berechnungen aufnehmen, ob und wem die Veröffentlichung innerhalb der Community noch angezeigt werden soll, ist es sehr wichtig, die Beiträge zeitlich entsprechend zu platzieren, so dass sie die Chance auf die höchste Interaktion gleich nach der Veröffentlichung haben.

Eine Themenanalyse sollte sich anschließen. Zu welchen Themen publizieren die Wettbewerber mit welchem Erfolg? Binden sie Follow- und Share-Buttons ein? Was sind aus Sicht der Wettbewerber die wichtigsten Hashtags bzw. Keywords und nutzen sie trending Hashtags? Um die wichtigsten Keywords für die Wettbewerber herauszufinden, lohnt es sich, neben den Social-Media-Hashtags auch die für SEO-Optimierung eingesetzten Keywords auf der Website des Konkurrenten zu studieren. Hierzu sollte man die URL-Struktur, die Titel der Artikel, die Header-Tags und Image-Alt-Text-Tags auswerten. Wenn der Wettbewerb SEO betreibt, wird er darauf achten, hier seine wichtigsten Keywords einzubinden. Eine tiefergehende Textanalyse in den einzelnen Beiträgen wird diese Keywords voraussichtlich bestätigen und kann noch zweitrangige Keywords zu Tage fördern.

Als letzten Schritt der qualitativen Wettbewerbsanalyse empfiehlt es sich die Influencer-Strategie und die Art und Weise des Community-Managements der Wettbewerber zu studieren. Mit welchen Influencern arbeitet der Wettbewerber intensiv zusammen? Welche aktiven Nutzer werden wie belohnt? Damit wird erkenntlich, welche Nutzer aus Sicht der Wettbewerber als Meinungsführer angesehen werden, weil sie viele Freunde haben und/oder als themenkompetent wahrgenommen werden.

Für eine zusammenfassende Darstellung der verschiedenen Kennzahlen und Erkenntnisse zur Wettbewerbsanalyse bieten sich Ranglisten an, die für jeden untersuchten Aspekt (Engagement, Amplifikation, Themen, Keywords etc.) die wichtigsten Artikel, Influencer usw. in absteigender Reihenfolge präsentieren. Wenn die entsprechenden Aspekte für die eigene Präsenz in den sozialen Medien danebengelegt werden, stechen die Unterschiede zumeist sehr kontrastreich ins Auge.

Fazit und Ausblick

Das in diesem Essentials Band dargestellte Vorgehen verfolgt drei Ziele: Erstens soll es als eine schrittweise Anleitung zum Aufbau eines Steuerungssystems für die Kommunikation in den sozialen Medien dienen. Zweitens sollen zwar die vielen verfügbaren Kennzahlen und deren einzelne Berechnungen und Deutungen verständlich vorgestellt werden, aber gleichzeitig soll durch ihre Zuordnung zu den einzelnen Phasen der Customer Journey deutlich werden, wie die verwirrende Komplexität zielorientiert reduziert werden kann. Drittens soll damit ein Weg aufgezeigt werden, wie eine erfolgsorientierte Kommunikationssteuerung auch mit verhältnismäßig einfachen Mitteln, d. h. ohne externe Analyse-Software, möglich ist, sofern sie gut vorbereitet und kontinuierlich betreut wird.

Eine hohe Datenintegration und die technische Fähigkeit den einzelnen Nutzer entlang seines individuellen Entscheidungsprozesses (Single Customer View) beobachten zu können, bieten Vorteile für die Aussteuerung von Marketingmaßnahmen durch ein personalisiertes Targeting, das auf den aktuellen Entscheidungsschritt der Nutzers abgestimmt ist, und potentiell für die Attribution der erzielten Umsätze zu den einzelnen Maßnahmen und Touchpoints. Sie sind aber keine notwendige Voraussetzung für eine erfolgsorientierte Steuerung der Unternehmenskommunikation. Mit den durch die sozialen Plattformen zur Verfügung gestellten Kennzahlen ist eine Steuerung und Optimierung der Touchpoints entlang der gesamten Customer Journey möglich, sofern das Unternehmen bereit ist, über die sehr prominent nach vorne gestellten Kennzahlen hinweg zu schauen und aufbauend auf einem Customer Journey Mapping ein Kennzahlensystem passend zu seinen operativen Marketingzielen und Möglichkeiten aufzubauen. Die Erarbeitung eines solchen Steuerungssystems ist zwar aufwendig und bedarf auch kontinuierlicher Pflege, bietet aber viel Potential für die Optimierung der unternehmenseigenen Kommunikationsaktivitäten.

© Der/die Autor(en), exklusiv lizenziert durch Springer Fachmedien Wiesbaden GmbH, ein Teil von Springer Nature 2021
G. Hopf, *Social-Media-Kommunikation entlang der Customer Journey*, essentials, https://doi.org/10.1007/978-3-658-34891-5_8

Was Sie aus diesem *essential* mitnehmen können

Die Unternehmenskommunikation in den sozialen Medien kann durch den Einsatz einfacher aber zielgenauer Kennzahlen ausgerichtet und entlang der Customer Journey erfolgsorientiert gesteuert werden. Grundlage ist ein Customer Journey Mapping, das alle Berührungspunkte der Kunden entlang ihrer Entscheidungsprozesse mit dem Unternehmen und den Wettbewerbern bestimmt und den einzelnen Phasen und Aufgaben der Customer Journey zuordnet. Durch das Verständnis der verschiedenen Kennzahlen und ihrer Einsatzmöglichkeiten für die Steuerung der einzelnen Aufgaben entlang der Customer Journey können Sie die für Ihre Ziele und Zwecke passendsten auswählen. Dieser Essentials Band stellt die wichtigsten Kennzahlen vor, zeigt deren Einsatz zur Steuerung der einzelnen Berührungspunkte entlang der Customer Journey und erklärt wie aus den einzelnen Kennzahlen ein ganzheitliches Steuerungssystem entstehen kann.

© Der/die Herausgeber bzw. der/die Autor(en), exklusiv lizenziert durch Springer Fachmedien Wiesbaden GmbH, ein Teil von Springer Nature 2021
G. Hopf, *Social-Media-Kommunikation entlang der Customer Journey*, essentials, https://doi.org/10.1007/978-3-658-34891-5

Literatur

Ahrholdt, D./Greve, G./Hopf, G. (2019): *Online-Marketing-Intelligence – Kennzahlen, Erfolgsfaktoren und Steuerungskonzepte im Online-Marketing*; Wiesbaden: Springer Gabler. https://doi.org/10.1007/978-3-658-26562-5.

Boßow-Thies, S./Hofmann-Stölting, C./Jochims, H. (2020): *Das Öl des 21. Jahrhunderts – Strategischer Einsatz von Daten im Marketing*; in: Boßow-Thies,, S., Hofmann-Stölting, C. und Jochims H. (2020): Data-driven Marketing – Insights aus Wissenschaft und Praxis; Wiesbaden: Springer Gabler; S. 3–26.

Colicev, A./Kumar, A./O'Connor, P. (2018): *Modeling the relationship between firm and user generated content and the stages of the marketing funnel*, in: International Journal of Research in Marketing. https://doi.org/10.1016/j.ijresmar.2018.09.005.

Cui, T. H./Ghose, A./Halaburda, H./Iyengar, R./Pauwels, K./ Sriram, S./Tucker, C./Venkataraman, S. (2021): *Informational Challenges in Omnichannel Marketing: Remedies and Future Research*; Journal of Marketing, Volume: 85 issue: 1, S. 103–120. https://doi.org/10.1177/0022242920968810.

Doorn, van J./Lemon, K. N./Mittal, V./Nass, S./Pick, D./Pirner, P./Verhoef, P. C. (2010): *Consumer Engagement Behaviour – Theoretical Foundations and Research Directions*, in: Journal of Service Research, Vol. 13, Nr. 3, S. 253–366.

Edelman, D./Singer, M. (2015): *Competing on Customer Journeys*. In: Harvard Business Review, Nov 2015, S. 88–100.

Facebook (2018): *Wertoptimierung mit Mindest-ROAS-Geboten;* https://www.facebook.com/business/m/one-sheeters/value-optimization-with-roas-bidding. Zugegriffen: 14. Mai 2021.

Google (2011): *Think with Google – Zero Moment of Truth (ZMOT);* https://www.thinkwithgoogle.com/marketing-resources/micro-moments/zero-moment-truth/. Zugegriffen: 14. Mai 2021.

Greve, G. (2010): *Die Anwendung des Net Promoter® Score in der Praxis: Ergebnisse einer empirischen Untersuchung*, in: Greve, G. und E. Benning-Rohnke (Hrsg.): Kundenorientierte Unternehmensführung. Konzept und Anwendung des Net Promoter Score® in der Praxis, Wiesbaden; S. 197–218.

Hamilton, R./Ferraro, R./Haws, K. L./Mukhopadhyay A. (2021): *Traveling with Companions: The Social Customer Journey*; In: Journal of Marketing Vol. 85(1), S. 68–92. https://doi.org/10.1177/0022242920908227.

Hinz et al. (2011): *Seeding Strategies for Viral Marketing – an Empirical Comparison*, in: Journal of Marketing, Vol. 75, S. 55–71. https://doi.org/10.1509/jm.10.0088.

Holland H. (2020) Customer-Journey-Analyse. In: Holland H. (eds) Digitales Dialogmarketing. Springer Gabler, Wiesbaden. https://doi-org.ezproxy-dhrv-1.redi-bw.de/10.1007/978-3-658-28973-7_37-1

Hopf G. (2020): *Psychografisches Targeting – Wirkung und Funktionsweise als eine besondere Form des Micro-Targetings in den sozialen Medien*; In: Boßow-Thies,, S., Hofmann-Stölting, C. und Jochims H. (2020): Data-driven Marketing – Insights aus Wissenschaft und Praxis; Wiesbaden: Springer Gabler; S. 79–103.

Reichheld, F. F. (2003): *The number one you need to grow*, in: Harvard Business Review, Nr. 12–2003, S. 47–54.

Reschke, J./Rennhak, C./Kraft, P. (2017): *Digitale Marketing-Kommunikation*; in Jung H. H. und Kraft P.: Digital vernetzt. Transformation der Wertschöpfung. Szenarien, Optionen und Erfolgsmodelle für smarte Geschäftsmodelle, Produkte und Services; München: Hanser Verlag 2017; S. 117–128.

Rogers, R. (2018): *Otherwise Engaged: Social Media from Vanity Metrics to Critical Analytics*, in: International Journal of Communication Nr. 12, S. 450–472.

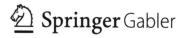

Printed in the United States
by Baker & Taylor Publisher Services